CONSTITUTION DE LA MODERNITÉ
sous la direction de Jean-Claude Zancarini
15

Les Idées innées

Ce travail a été réalisé au sein
du LabEx COMOD (ANR-11-LABX-0041) de l'université de Lyon,
dans le cadre du programme « Investissements d'avenir » (ANR-11-IDEX-0007)
de l'État français, géré par l'Agence nationale de la recherche (ANR).

Valentine Reynaud

Les Idées innées

De Descartes à Chomsky

PARIS
CLASSIQUES GARNIER
2018

Valentine Reynaud est professeure agrégée, docteure en philosophie et membre associée de l'Institut de recherches philosophiques de Lyon.

ISBN 978-2-406-08566-9 (livre broché)
ISBN 978-2-406-08567-6 (livre relié)
ISSN 2493-8947

À ma mère.

INTRODUCTION

La revendication d'un héritage

À partir des années 1950, le linguiste et philosophe Noam Chomsky propose un retour aux « idées innées » en défendant l'existence d'une faculté innée de langage. Comme l'indique sans équivoque le titre de son ouvrage paru en 1966, *La linguistique cartésienne*, Chomsky inscrit sa pensée dans la tradition cartésienne et revendique un héritage rationaliste, instituant ainsi un lien étroit entre la conception contemporaine des idées innées et celle de l'âge classique[1]. Selon l'hypothèse chomskyenne, l'esprit humain est doté d'une faculté innée de langage qui rend possible l'apprentissage des langues. Très vite, les chercheurs s'emparent de cette hypothèse innéiste et l'appliquent aux autres domaines cognitifs : elle devient le paradigme dominant en philosophie des sciences cognitives. Le philosophe Jerry Fodor soutient ainsi à la fin des années 1960 l'innéité de la plupart de nos concepts. D'autres psychologues et philosophes affirmeront, par la suite, la présence dans l'esprit, de connaissances ou de mécanismes innés de base, qui prennent la forme de théories (des théories innées dites « naïves ») ou de « modules » portant sur différents domaines comme la physique, les mathématiques, la biologie ou la psychologie. Selon cette approche, l'esprit humain est équipé d'une importante structure innée, qui lui assure une compétence naturelle et spécialisée dans la plupart des domaines cognitifs fondamentaux. La thèse chomskyenne a ainsi ouvert un débat sur l'innéité des facultés de l'esprit qui se poursuit aujourd'hui.

Chomsky fait régulièrement référence dans son œuvre à la théorie des idées innées des XVIIe et XVIIIe siècles. À première vue, cette référence au passé n'a rien de surprenant. En effet, l'idée selon laquelle l'esprit n'apprend pas certaines vérités mais les découvre en lui-même, appartient à une longue tradition. Déjà présente dans le *Ménon* de Platon, elle

1 Chomsky, 1966 ; Chomsky, 1980.

est défendue par Descartes et Leibniz à l'âge classique. Mais en faisant référence à la théorie moderne des idées innées, Chomsky propose le retour d'une position qui a déjà été amplement critiquée. On connaît en effet la condamnation virulente de l'innéisme que Locke formule au livre II de l'*Essai sur l'entendement humain* et qui donnera lieu à la controverse illustre avec Leibniz, grand défenseur des idées innées. Et c'est bien le projet empiriste porté par le philosophe anglais qui exercera une influence dominante dans la philosophie et dans la psychologie naissante jusqu'au milieu du XXe siècle[2].

En outre, en se positionnant dans une telle tradition, Chomsky établit une continuité, jugée discutable par certains commentateurs. Les deux périodes – moderne et contemporaine – sont en effet séparées de plusieurs siècles au cours desquels les sciences, et notamment les sciences biologiques et cognitives, ont connu un développement considérable. Or, Chomsky suggère que ce qu'il entend par « faculté innée » n'est pas très différent de ce que Descartes et Leibniz eux-mêmes entendaient par « idée innée ». Cette suggestion tend à atténuer la différence de contexte théorique et scientifique entre les deux périodes, en relativisant son incidence sur la manière d'interpréter les idées innées. Nombreux sont donc les commentateurs qui voient en la revendication chomskyenne d'un héritage classique un procédé rhétorique bien plus qu'une authentique proximité conceptuelle ou doctrinale.

Nul ne saurait nier la divergence considérable entre les visions du monde que les deux périodes embrassent. Si les idées innées de la philosophie moderne restent intrinsèquement dépendantes d'un cadre de pensée métaphysique, les idées innées contemporaines se présentent comme relevant d'un naturalisme conçu en continuité avec le monde biologique. De toute évidence, le succès des théories contemporaines se référant aux « idées innées » est étroitement lié à l'expansion de la biologie et des sciences cognitives. D'une part, l'innéisme contemporain naît au moment même où la biologie moléculaire, centrée sur le gène, formule la métaphore du programme génétique : à partir des années 1960, l'innéité est systématiquement associée à une base génétique. D'autre part, ce que la « révolution cognitive » opérée à peu près au même moment par l'émergence des sciences cognitives rend possible,

2 Jerry Samet, « The Historical Controversies Surrounding Innatess », in *The Stanford Encyclopedia of Philosophy*, Zalta, E. (edit.), 2008.

c'est l'étude rigoureuse, systématique et objective des propriétés mentales internes. Ces propriétés mentales sont considérées comme des propriétés naturelles et susceptibles d'être innées. Dans ce contexte, l'hypothèse innéiste s'érige comme le point de convergence de différentes données scientifiques. Elle devient l'interface reliant l'étude de la cognition et du comportement en général – nourrie par des disciplines comme l'éthologie, la psychologie cognitive, la psychologie du développement, la linguistique – à l'approche biologique – incarnée par la génétique, la théorie de l'évolution et les neurosciences. Il apparaît ainsi raisonnable de penser que le progrès spectaculaire des sciences dans la deuxième moitié du XXe siècle aura permis de forger une notion rigoureuse d'innéité et de faire de l'innéisme une hypothèse scientifique respectable et testable empiriquement.

À la lumière de ces éléments, l'inscription de l'innéisme contemporain dans la lignée d'un innéisme métaphysique incarné par Descartes ou Leibniz pose question. Si la science contemporaine permet de formuler une conception des « idées innées » scientifiquement défendable, pourquoi l'innéisme d'aujourd'hui ressentirait-il le besoin de se référer à celui du passé qui ignore tout de cette science ? Comment comprendre cette similarité proclamée entre innéisme de l'âge classique et innéisme contemporain ?

Cet ouvrage propose de montrer que la filiation entre innéisme de l'âge classique et innéisme contemporain reflète un authentique air de famille, idée qui semble pertinente pour deux raisons.

La première réside dans le constat que la biologie n'a pas suffi à démêler complétement les ambiguïtés de la notion d'innéité[3]. Les bouleversements que cette discipline a subis, la propulsant dans une phase post-génomique, en sont en partie responsables. Si l'innéité renvoie de façon explicite aujourd'hui à la détermination génétique, les travaux en génétique n'ont cessé de révéler la complexité des interactions entre gènes et environnement dans la production du comportement[4]. La détermination génétique, trop problématique, ne peut donc entièrement clarifier la notion d'« innéité ».

La seconde raison s'appuie sur la démarche de reconstruction rationnelle, qui pose la permanence de certains problèmes philosophiques, tout

3 Reynaud, 2013 ; Reynaud, 2017.
4 Morange, 1998.

en clarifiant les termes différents – le cas échéant – dans lesquels ils sont posés. Selon cette démarche, la comparaison entre des pensées séparées de plusieurs siècles n'est pas illusoire. Elle est féconde[5] lorsqu'elle reste fidèle à la pensée des auteurs. C'est bien ainsi que Chomsky l'entend : innéisme moderne et innéisme contemporain adoptent une démarche explicative comparable pour l'acquisition de la connaissance.

Le recours à l'innéité est le fruit d'un raisonnement ; il ne saurait être d'abord le véhicule d'idéologies religieuses ou morales. Il est vrai qu'à l'âge classique, l'innéisme est associé par Locke à l'obscurantisme moral. Mais cette association découle du flou sémantique du concept d'innéité[6]. Dans le débat contemporain, la question scientifique et la question morale sont d'ailleurs dissociées de manière explicite[7].

La première partie de l'ouvrage explore la conception cartésienne des idées innées, ainsi que la controverse opposant Locke, Malebranche et Leibniz. S'ensuit une analyse des « idées innées » contemporaines, sous leurs différentes formes (facultés, concepts, théories naïves et modules) et des principaux débats qu'elles ont suscités. Enfin, l'analyse comparative entre périodes classique et contemporaine propose une

5 Bouveresse, 2006.

6 Ce flou a permis la manipulation de l'innéité par des disciplines au caractère scientifique et éthique incertain. Au XIXe siècle, le débat concernant l'hérédité de l'intelligence anime des pseudosciences telles que la craniométrie, la criminologie ou la phrénologie, qui militent toutes en faveur d'une inscription native de certains talents, handicaps ou penchants personnels. Il est alors possible selon ces « sciences » de repérer à la naissance les génies ou les criminels. En particulier, la phrénologie pratiquée par Gall visait à déceler les facultés intellectuelles et les penchants innés des hommes par la palpation des reliefs de leur crâne. De la même manière, les travaux de Galton en statistiques visaient à montrer que l'hérédité des aptitudes naturelles humaines est une cause majeure des différences individuelles et raciales et de la supériorité des hommes blancs sur les hommes noirs.

7 Un certain usage polémique de la notion d'innéité reste néanmoins en vogue aujourd'hui, lorsque par exemple est soulevée la question de l'innéité de l'homosexualité ou celle de la délinquance. Une partie de la psychologie évolutionniste apparue dans les années 1990 aux États-Unis apparaît comme un regain de ces pseudosciences révolues (voir par exemple Robert Wright, *L'animal moral : psychologie évolutionniste et vie quotidienne*, Paris, Éditions Michalon, 1995, ou David Buss, *Evolutionary Psychology : The New Science of Mind*, Boston, Allyn and Bacon, 1999). Selon Buss, les femmes auraient développé dans l'évolution une préférence innée pour les hommes qui détiennent un haut statut social et qui sont ainsi en mesure d'apporter plus de ressources matérielles à leur descendance. Quant aux hommes, ils auraient développé une préférence innée pour les femmes nubiles et qui montrent des signes évidents de fertilité comme « les lèvres pleines, la peau claire, les yeux clairs, les cheveux brillants, un bon tonus musculaire, une bonne répartition de la graisse » (Buss, 1999, p. 139).

définition générale de l'innéisme, reposant sur le rôle explicatif que les idées innées assument au sein de chaque pensée considérée. Le débat amorcé au XVIIe siècle entre innéisme et empirisme met ainsi en place une alternative entre deux visions de la structure de l'esprit qui ne cesse d'opérer aujourd'hui.

PREMIÈRE PARTIE

LES IDÉES INNÉES À L'ÂGE CLASSIQUE

Cette partie présente la théorie cartésienne des idées innées, puis la controverse qui oppose Locke, Malebranche et Leibniz. Elle montre que la notion d'« idée innée » comporte dès l'âge classique une ambiguïté : elle peut être à la fois vue comme une idée déjà préformée dont l'esprit va prendre conscience ou bien comme une idée que l'esprit est disposé spécifiquement à former au cours de son développement.

LES IDÉES INNÉES CHEZ DESCARTES

Ce à quoi s'appliquent précisément les idées que Descartes qualifie d'*innatae* ou d'*ingenitae* apparaît extrêmement varié : l'innéité touche des idées aussi diverses que celles de Dieu, du soi, d'une chose et du nombre 3[1]. Sont également qualifiées d'« innées » l'idée d'extension, les vérités géométriques, et même des propositions comme « il doit y avoir au moins autant de réalité dans la cause efficiente et totale que dans l'effet de cette cause ». Descartes affirme en outre que les idées sensorielles sont elles-mêmes innées[2]. Ainsi l'innéité apparaît-elle d'emblée ambiguë, s'appliquant tantôt à une classe bien délimitée, celle des idées et principes abstraits, tantôt à la totalité des idées, incluant aussi les idées tirées des sens. On trouve également sous la plume de Descartes diverses expressions qui semblent bien faire référence aux idées innées sans les nommer explicitement : en plus des idées qualifiées *d'innatae* ou *d'ingenitae* – dont l'occurrence date de l'époque des *Méditations métaphysiques* – Descartes parle de « vérités éternelles », de « notions communes » ou « primitives », de « natures simples », d'« essences immuables ». Il évoque aussi à de multiples reprises « ce qui est en nous », ce qui relève de « notre nature », de « notre Esprit », ou de ce qu'il nomme « la lumière naturelle ».

LES IDÉES ET LES PRINCIPES INNÉS

Les idées innées cartésiennes correspondent au premier chef aux idées abstraites, c'est-à-dire aux idées métaphysiques et mathématiques ainsi qu'aux principes formés à l'aide de ces idées. Ces idées et principes se caractérisent par le fait qu'ils possèdent un contenu objectif immuable.

1 Boyle, 2009.
2 Descartes, 1897-1913, AT VIII B 359.

Pourtant, c'est bien en lui-même, en son sein, que l'esprit les trouve. L'innéité semble alors bien permettre à Descartes de résoudre, selon les termes de Ferdinand Alquié, le « paradoxe apparent d'une intériorité objective[3] ».

L'INNÉITÉ COMME MARQUE DE VÉRITÉ

La première caractéristique des idées innées cartésiennes est que leur contenu ne dépend pas de l'expérience. Celles-ci représentent dans l'esprit des essences vraies, immuables, éternelles. L'innéité apparaît alors synonyme de vérité.

Idées innées, factices, adventices

À deux reprises dans son œuvre, Descartes établit une distinction entre idées innées, idées factices et idées adventices[4]. Citons la lettre au père Mersenne du 16 juin 1641 :

> par le mot *idea*, j'entends tout ce qui peut être en notre pensée, et que j'en ai distingué de trois sortes : à savoir certaines sont adventices, comme l'idée qu'on a vulgairement du soleil ; d'autres sont faites ou factices, au rang desquelles on peut mettre celle que les astronomes font du soleil par leur raisonnement ; et d'autres sont innées, comme l'idée de Dieu, de l'âme, du corps, du triangle, et en général toutes celles qui représentent des essences vraies, immuables et éternelles. (Descartes, 2010, II, p. 337.)

Ici comme dans les *Méditations métaphysiques*, Descartes propose de diviser les idées en trois classes :

- Les idées adventices sont reçues des sens. Elles viennent « du dehors ». Elles sont celles dont l'occurrence dans l'esprit est occasionnée par l'action qu'exercent les corps perçus sur les organes des sens.
- Les idées factices sont des pures productions ou fictions de l'esprit, formées volontairement par l'esprit en combinant des idées plus simples.
- Les idées innées sont celles que nous trouvons dans notre esprit, celles qui sont « nées avec nous » mais qui possèdent un contenu immuable.

---

3 Alquié, 1946, p. 201.
4 Descartes, 1897-1913, AT IX 29 et Descartes, 2010, II, p. 337.

Alors que les idées adventices viennent à nous de façon inattendue, la perception des idées innées requiert que nous détournions notre attention de la perception sensorielle par un acte délibéré de la volonté[5]. La volonté semble néanmoins tout autant intervenir dans la formation des idées factices. Comment dès lors ne pas les confondre avec les idées innées ?

La distinction cartésienne entre l'idée au sens matériel – qui désigne le mode actualisé de la pensée – et l'idée au sens objectif – qui signifie l'objet représenté par elle[6] –, permet de véritablement distinguer les deux : si l'idée innée au sens matériel peut être modifiée dans une certaine mesure comme peut l'être une idée fictionnelle, l'idée innée au sens objectif est une nature vraie et immuable existant dans l'intellect. Ainsi l'idée innée n'est-elle pas modifiable dans son contenu mais seulement dans la perception que l'esprit peut en avoir. Dans la cinquième méditation, Descartes ajoute que les idées innées sont celles qui ne nous viennent de rien d'autre que de notre « propre nature », contrairement aux idées adventices qui semblent venir des objets externes[7]. La sixième méditation opposera les perceptions qui viennent seulement de notre nature et les perceptions qui semblent venir d'autres choses, des objets extérieurs. La provenance des idées innées doit donc se comprendre dans un sens matériel et non objectif. Nous sommes certes les causes de la perception actuelle d'une idée qui est une opération de la pensée, mais nous ne pouvons pas causer ou modifier les contenus objectifs des pensées quand ceux-ci ont plus de réalité objective que de réalité formelle, comme cela est le cas pour les idées innées[8]. De façon ultime, les idées innées ne dépendent donc pas de notre esprit. Bien que se trouvant dans notre esprit, elles ne sont pas subjectives car leur existence est due à une autre cause que le moi[9]. Les idées innées nous sont natives ou congénitales, elles sont *mentibus nostris ingenitae* parce que Dieu les a imprimées en nous[10]. Dieu a placé en nos esprits des idées innées qui sont des natures éternelles ou des essences, présentes en nous bien avant que nous ne les percevions actuellement. Il ne peut en effet en

5 Descartes, 1897-1913, AT VII 51.
6 Descartes, 1897-1913, AT VII 8.
7 Descartes, 1897-1913, AT VII 38.
8 Descartes, 1897-1913, AT VII 371.
9 Alquié, 1946.
10 Lettre à Mersenne du 15 avril 1630. Cette lettre contient la première référence aux idées innées.

être autrement : si j'étais l'auteur de mes idées innées, je serais parfait et, ayant conscience de l'action qui les fait naître, je serais capable de former et de modifier leurs contenus à ma guise.

La distinction entre les trois types d'idées permet d'établir en premier lieu dans les *Méditations métaphysiques* l'innéité de l'idée de Dieu (et celle de l'idée du moi qui lui est intrinsèquement liée). Si l'idée de Dieu ne peut être issue de l'expérience, elle ne saurait pas non plus être inventée par nous. L'idée d'un infini parfait exige une cause qui dépasse notre finitude. Elle s'impose alors par sa nécessité interne et sa perfection :

> Elle [l'idée de Dieu] n'est pas aussi une pure production ou fiction de mon esprit ; car il n'est pas en mon pouvoir d'y diminuer ni d'y ajouter aucune chose. Et par conséquent il ne reste plus autre chose à dire, sinon que, comme l'idée de moi-même, elle est née et produite avec moi dès lors que j'ai été créé. (Descartes, 1897-1913, AT IX 41.)

C'est donc en cherchant la provenance de l'idée de Dieu que Descartes donne sa conception de la cause des idées innées, à savoir Dieu lui-même[11]. Parce que je ne peux réduire à moi-même l'idée d'une substance infinie, éternelle, immuable, indépendante, toute-connaissante, toute puissante, le contenu de cette idée ne peut avoir d'autres causes que Dieu lui-même. Comme le remarque Gueroult (1953, p. 263), ce raisonnement contient en lui-même l'affirmation ontologique du moi comme être fini, de sorte que la création de mon être et la position en moi de l'idée de Dieu apparaissent indissociables. D'une part, la présence en moi de l'idée de Dieu révèle ma finitude ; d'autre part, si je n'avais pas conscience de moi-même comme être fini, je ne pourrais assurément pas mener un tel raisonnement. L'idée de moi-même est l'envers de l'idée de Dieu. Elle est donc, elle aussi, une idée innée : elle est acquise par réflexion sur mes propres expériences conscientes plutôt qu'à partir de l'information tirée de la sensation[12] et ne peut être révoquée en doute.

L'innéité des essences mathématiques est conçue sur le même modèle, par exclusion des idées adventices et factices. En témoigne ce passage des réponses aux cinquièmes objections concernant l'idée du triangle :

---

11 Robert McRae, « Descartes' Definition of Thought », *Cartesian Studies*, Oxford, Basil Blackwell, 1972, p. 32.

12 Clarke, 2003.

> Mais d'autant que l'idée véritable du triangle était déjà en nous, et que notre esprit la pouvait plus aisément concevoir que la figure moins simple ou plus composée d'un triangle peint, de là vient qu'ayant vu cette figure composée nous ne l'avons pas conçue elle-même, mais plutôt le véritable triangle. (Descartes, *Ibid.*, AT VII 382.)

Dans ce texte, Descartes répond à Gassendi qui lui objecte que les figures se forment d'après le modèle aperçu par nos sens. Pour Descartes, si on ne parvient pas à trouver dans le monde une figure aussi parfaite que le triangle, qui ait la rigueur de l'essence géométrique, c'est que l'idée véritable du triangle ne provient pas de l'expérience sensorielle, trop imparfaite. Elle est donc innée. De manière générale, toutes les idées des êtres mathématiques sont antérieures à toute expérience sensible et donc inhérentes à l'esprit[13].

Ainsi, les idées innées sont à la fois présentes dans notre esprit et objectives. Elles reflètent le lien indissociable que Descartes établit entre intelligibilité et réalité[14]. L'esprit, une fois qu'il a tourné son attention vers les idées innées, éprouve face à elles une certaine passivité[15]. Il s'incline devant les essences éternelles qui s'imposent à lui. Les idées innées sont donc tout à la fois des idées nées et produites avec nous et des réalités intelligibles indépendantes de nous.

Idées innées et vérités éternelles

Ce ne sont pas seulement les idées qui sont innées ; les vérités et les principes le sont aussi. Dans le *Discours de la méthode*, plusieurs formulations vont dans ce sens, comme le montre cette phrase célèbre :

> Il existe des semences de vérités naturellement implantées dans nos âmes. (Descartes, 1897-1913, AT VI 64.)

Dans les réponses aux secondes objections, Descartes parle des propositions évidentes que l'on trouve à l'intérieur de soi-même[16]. Dans les *Principes de la philosophie*, il dit que nous avons en nous la connaissance de plusieurs propositions qui sont éternellement vraies (telles que « rien

13 Boulad-Ayoub, 1996.
14 Marion, 1981.
15 Belaval, 1960.
16 Descartes, 1897-1913, AT VII 162.

ne vient de rien[17] ») et que les notions communes ou axiomes sont des vérités éternelles[18].

Descartes a parfois recours à un vocabulaire platonicien pour exprimer cette idée. Dans *l'Épître à Voetius* par exemple, il fait allusion à Socrate qui, grâce à un interrogatoire, fait redécouvrir à un esclave les vérités que ce dernier tire de son propre esprit[19]. Ainsi donne-t-il l'impression d'adhérer à la thèse platonicienne de la réminiscence, comme le laisse encore entendre cette citation tirée de la cinquième méditation :

> il ne me semble pas que j'apprenne rien de nouveau mais plutôt que je me ressouviens de ce que je savais déjà auparavant, c'est-à-dire que j'aperçois des choses qui étaient déjà dans mon esprit, quoique je n'eusse pas encore tourné ma pensée vers elle[20].

Mais Descartes ne fait pas pour autant sienne la théorie de la réminiscence. Il la transpose plutôt en un innéisme des idées qui lui est propre[21]. Dans le système cartésien, Dieu a structuré nos esprits de telle manière que les contenus propositionnels (vérités ou principes) que l'on peut trouver en nous portent témoignage des vérités éternelles[22]. Le fait que Dieu grave ces propositions en nous garantit leur validité car Dieu n'est pas trompeur. C'est ainsi que les vérités et les principes innés permettent aux esprits finis de penser aux vérités nécessaires qu'il leur serait sinon impossible de tirer de l'expérience. L'innéité des vérités et des principes révèle alors leur antériorité logique et leur nécessité[23]. La doctrine des idées innées et celle de la libre création des vérités éternelles semblent ainsi intimement liées[24]. S'il n'y a aucune contrainte sur ce que Dieu peut vouloir être vrai de toute éternité, les idées innées sont analogues aux décrets qu'un Roi graverait dans le cœur de ses sujets :

> Ces lois sont innées en nos esprits ainsi qu'un roi imprimerait ces lois dans le cœur de tous ses sujets s'il en avait le pouvoir. (Descartes, 1897-1913, AT 1, 145.)

17 Descartes, 1897-1913, AT VIII A 38.

18 Descartes, 1897-1913, AT VIII A 23-24.

19 Descartes, 2010, III, p. 30; Boulad-Ayoub, 1996.

20 Descartes, 1897-1913, AT IX 51.

21 Boulad-Ayoub, 1996.

22 Jolley, 1998.

23 Rodis-Lewis, 1985.

24 Elles sont néanmoins apparues séparément dans la pensée de Descartes. Voir Rodis-Lewis, 1985.

La doctrine de la création des vérités éternelles fait dépendre la notion cartésienne de nécessité de l'institution divine[25]. Mais les vérités innées restent nonobstant des nécessités de pensée pour nous : nous sommes forcés d'y assentir dès que nous les percevons clairement et distinctement.

LE FOND PRIMITIF DE L'ESPRIT

Les idées innées, objets de l'intellect pur

Lorsque Descartes parle d'idées innées, il entend les idées qui peuvent être produites par la réflexion que nous pouvons mener sur nous-même. Les idées innées sont précisément les notions et les propositions que l'intellect peut trouver en lui, par ses propres moyens, et ce, indépendamment de toute expérience sensible. Elles sont celles que l'on vient à connaître par le seul pouvoir de notre intelligence[26]. Pour produire l'idée de triangle par exemple, il est nécessaire de s'extraire du sensible car celui-ci ne donne accès qu'à des sensations toujours changeantes, seulement partielles, discontinues et contingentes. Le travail de l'entendement est nécessaire pour mettre en évidence les idées innées. C'est cette capacité d'attention que Descartes nomme parfois « lumière naturelle ». Lorsque l'on perçoit par la « lumière naturelle », notre volonté subit une telle inclination qu'elle ne peut pas ne pas assentir et saisir le contenu des idées innées. L'esprit est la source active de sa propre illumination comme les yeux le sont dans la production de leur propre lumière. La lumière naturelle est donc un processus par lequel l'attention de l'intellect est dirigée par la volonté sur notre propre expérience mentale. Selon les termes de McRae (1972), nous avons une connaissance implicite des idées innées car ces idées sont impliquées dans notre pensée et nous en acquérons une connaissance explicite à travers la réflexion et l'attention portées sur elles.

Il est vrai que nous pouvons échouer dans cette tâche. Notre volonté manque fréquemment de la constance requise pour percevoir actuellement nos idées innées. Par exemple, il est possible de ne jamais remarquer

---

25 Cette conception reviendrait selon certains à nier l'existence de toutes vérités nécessaires, voir Harry Frankfurt, « Descartes on the Creation of the Eternal Truths », *Philosophical Review*, 86, 1977, p. 36-57.

26 *Descartes*, 2010, III, p. 30.

l'idée de Dieu qui se trouve pourtant en notre esprit[27]. Les enfants, étant constamment en train de recevoir les impressions vives des sens, ne la possèdent pas[28]. D'une manière générale, les idées adventices divertissent notre attention des problèmes non corporels et parasitent notre pensée. Nous possédons donc tous une idée vraie de Dieu en nous mais nous ne sommes pas tous de fait capables de la concevoir correctement. Certains lui ajoutent ou lui omettent même des caractéristiques. Ainsi, chacun a en droit les moyens de trouver en lui-même et par lui-même ce qui lui est nécessaire pour la connaissance. Mais ceci requiert un effort d'attention. Il faut du temps et de la pratique pour diriger correctement l'attention de son intellect sur les idées innées, ce que montre le cheminement parcouru dans les *Méditations métaphysiques*. La méthode cartésienne du doute, en tant qu'exercice de la volonté qui rend l'attention active, permet de restreindre la rangée des objets possibles de l'attention[29].

Les idées innées sont alors acquises par réflexion sur nos propres expériences conscientes, ce qui peut paraître paradoxal pour le sens commun qui oppose l'inné à l'acquis. Car même si leur contenu réel est immuable et provient de Dieu, leur perception actuelle n'est pas causée par Dieu mais elle l'est par notre propre esprit.

Des idées premières

Le paradoxe de l'acquisition par réflexion des idées innées est alors comparable à celui qui traverse la conception cartésienne de l'évidence non immédiate, perceptible seulement au prix d'un examen rigoureux opéré par un esprit attentif. Ainsi les idées innées sont-elles les objets de notre intuition, comme le sont les idées claires et distinctes. Plus précisément, les idées innées lorsqu'elles sont saisies par l'intuition deviennent claires et distinctes, mais elles n'ont pas besoin d'être claires et distinctes pour être innées. L'intellect lorsqu'il se tourne vers lui-même et se détache de toute influence sensorielle découvre en son fond primitif les idées innées. Celles-ci sont primitives en deux sens. En un premier sens, elles sont primitives parce qu'elles sont indéfinissables. Elles résistent ainsi à la décomposition et ne peuvent être qu'intuitionnées. Ainsi Descartes le

27 Descartes, 1897-1913, AT III 430.
28 Descartes, 1897-1913, AT X 400.
29 Belaval, 1960.

précise-t-il à propos de la notion de vérité dans une lettre bien connue du 16 octobre 1639 :

> [...] on ne peut donner aucune définition de logique qui aide à connaître sa nature. Et je crois le même de plusieurs autres choses, qui sont fort simples et se connaissent naturellement, comme sont la figure, la grandeur, le mouvement, le lieu, le temps etc., en sorte que, lorsqu'on veut définir ces choses, on les obscurcit et on s'embarrasse. (Descartes, 1897-1913, AT II 597.)

Ces idées premières et intuitives sont si évidentes que leur définition en devient superflue. Ce qui n'implique pas que nous en ayons une connaissance parfaite, qui est réservée à Dieu. Par exemple, l'incompréhensibilité de Dieu exclut la possibilité que nous en ayons une connaissance intuitive[30]. L'idée innée de Dieu ne doit donc pas être comprise comme une règle générative pour construire le concept mais plutôt comme un filtre. Si elle était une règle générative, l'idée de Dieu ne serait pas seulement claire et distincte, elle serait parfaite et on aurait un concept pleinement adéquat à son objet. Il en est de même pour les autres idées et en particulier pour les idées d'âme et de corps : il n'est pas besoin d'en avoir une connaissance parfaite pour en avoir une idée intuitive complète[31]. Les idées innées sont primitives en un second sens car elles précédent tout le processus de construction mentale en même temps qu'elles le rendent possible[32]. L'idée d'âme, indissociable de celle de Dieu, est condition de toute autre pensée puisque « c'est par elle que nous concevons toutes choses[33] ». Objets de l'intuition, les idées innées sont ce à partir de quoi nous pouvons construire des démonstrations. Elles sont les conditions de notre connaissance et nous partons d'elles pour pouvoir déduire les autres vérités. C'est en ce sens que la règle IV pour la direction de l'esprit affirme que l'intelligence humaine « a je ne sais quoi de divin » [où] « les premières semences des pensées utiles ont été déposées[34] ». Le terme « inné » apparaît ici sous la plume de Descartes synonyme d'*a priori*, au sens d'indépendant de l'expérience, de condition de l'universalité et de la nécessité des idées ou vérités.

---

30 Beyssade, 1992.

31 Lettre au père Gibieuf du 19 janvier 1642.

32 *Principes de la philosophie* I 22 ; Beyssade, 1992.

33 Boulad-ayoub, 1996.

34 Descartes, 1897-1913, AT X 373.

Notions primitives et natures simples

L'identification pure et simple entre les idées innées et les idées produites par le pur intellect ne semble néanmoins pas épuiser la théorie cartésienne des idées innées. C'est ce que montre la lecture des passages où Descartes énumère explicitement ce qu'il appelle les « notions primitives » ou les « natures simples ». Dans la Lettre à Elisabeth du 28 juin 1643, il présente trois notions primitives, qui sont en nous « comme des originaux » : l'âme, le corps et les choses qui appartiennent à l'union de l'âme et du corps. Or ces trois notions, bien que primitives, ne requièrent pas toutes pour être connues un mouvement d'attention provenant du pur intellect. Certes, l'âme ne se conçoit que de cette manière, grâce à l'entendement pur. Mais Descartes ajoute que l'imagination peut nous aider à concevoir le corps, c'est-à-dire l'extension, la figure, le mouvement. Enfin, les choses relatives à l'union se connaissent pour Descartes obscurément par l'entendement, même aidé par l'imagination mais « elles se connaissent très clairement par les sens ».

Ainsi, Descartes ne décrit pas toutes les idées innées comme étant perçues par la lumière naturelle[35]. Descartes ne dit jamais, par exemple, que les vérités mathématiques le sont[36]. Si l'imagination et les sens entrent en jeu dans l'actualisation du contenu des idées innées, la distinction entre idées innées, idées factices et idées adventices ne paraît plus tenable. L'innéité cartésienne ne concernerait donc plus seulement les idées abstraites concevables uniquement par l'entendement pur. Cette conclusion s'avère d'autant plus nécessaire lorsqu'on regarde de prés la liste des natures simples dressée par Descartes à deux reprises dans son œuvre. Ces natures simples que nous possédons en nous se caractérisent par leur évidence et leur vérité[37]. Elles constituent les composants fondamentaux de nos pensées[38]. Elles sont néanmoins très diverses. Elles se déclinent en :

- natures simples purement intellectuelles (comme la pensée, la connaissance, le doute, l'ignorance, la volition) ;

35 Boyle, 2009.

36 John Morris, « Descartes' Natural Light », *Journal of the History of Philosophy*, 11 (2), 1973, p. 169-187.

37 Descartes, 1897-1913, AT X 420.

38 Descartes, 1897-1913, AT VIII A 22.

- natures simples purement matérielles (comme la forme, l'extension et le mouvement présents seulement dans les corps) ;
- natures communes ou mixtes, qui peuvent être attribuées indifféremment aux choses corporelles ou spirituelles[39].

Les natures simples ne sont donc pas toutes purement intellectuelles. Elles peuvent être matérielles. Certaines sont même composées, mixtes ou « communes ». L'innéité de toutes est pourtant bien revendiquée par Descartes[40]. S'il paraît naturel de considérer les natures simples intellectuelles comme innées parce que les idées innées contrairement aux idées adventices ou factices sont précisément des idées simples et indécomposables, comment ne pas considérer les idées matérielles et composées comme nécessairement non innées ?

Considérons d'abord les natures composées. Celles-ci comprennent des concepts (comme l'existence, la durée, l'unité et leur négation) ainsi que des propositions. Elles lient les natures simples entre elles. Dans la règle XII, Descartes caractérise par exemple le triangle comme un mixte de natures simples[41]. Ces natures composées sont « simples » non au sens où elles ne contiendraient pas plusieurs éléments, mais au sens où ces éléments ne peuvent être isolés sans que leur composition ne perde sa signification[42]. Si on sépare les trois segments de droite, le triangle disparait. Les notions mixtes innées incluent également les principes et les axiomes, considérés comme l'expression du contenu des idées innées sous la forme de propositions, comme le principe d'identité et de contradiction ou le principe de raison suffisante. Ainsi, certaines propositions logiques fondamentales « n'ont pas besoin de preuve pour être connues », et chacun en « trouve les notions en soi-même[43] ».

C'est selon le même principe que Descartes affirme l'innéité de toute la géométrie. Nos déductions développent ce que « la nature même a gravé et imprimé en nos esprits ». Ce que je trouve en moi, ce sont non seulement les concepts que je peux mettre en évidence et intuitionner

39 *Règles pour la direction de l'esprit*, X 419. On retrouve la même classification dans les *Principes de la philosophie*, I, 48.

40 Descartes, 1897-1913, AT VIII B 359.

41 Descartes, 1897-1913, AT X 422.

42 Belaval, 1960.

43 *Réponses aux secondes objections* ; *Règles pour la direction de l'esprit*, VI et XII ; *Principes de la philosophie*, I, 48-49.

mais également tout ce que je peux déduire à partir de ces concepts. Comme le dit Belaval (1960), on ne perçoit pas ces principes intuitivement en eux-mêmes, mais seulement comme liaisons des termes qu'ils conjoignent : ces termes ne leur sont pas subordonnés mais les notions liées et les notions communes qui en sont les liens sont coordonnées les unes aux autres. En outre, la faculté de déduction elle-même est innée, au même titre que la faculté d'intuition.

Ainsi, on voit que l'innéité s'étend à des notions qui peuvent nécessiter l'intervention de l'imagination ou la déduction à partir d'autres notions. Pis, elle semble s'étendre également aux natures simples corporelles. Certaines idées innées requièrent la perception sensorielle pour être explicitement perçues[44]. Tel est le cas par exemple de l'idée d'étendue. Or, si le critère de l'innéité est la provenance de l'intellect, indépendamment de toute sensation, l'idée d'étendue ne devrait pas être innée. Marion (1992) propose une solution à cette difficulté[45]. Selon lui, les natures simples matérielles sont engendrées par la nature formelle de l'ego car l'extension, la forme, la position, le mouvement, en étant les modes d'une substance matérielle sont les modes d'une substance en général. L'ego peut construire ces notions grâce aux variations de son propre mode de pensée et peut les transférer aux choses corporelles. Selon cette interprétation, l'ego comprend en lui-même éminemment les autres natures simples, matérielles ou communes. Que l'on adhère ou non à la proposition de Marion (1992), avec les natures simples corporelles, on glisse subrepticement d'une définition de l'innéité comme ce qui peut être tiré de notre esprit en vertu de l'activité du pur intellect à une définition de l'innéité comme ce qui peut être tiré de notre nature en un sens plus large.

44 Boyle, 2009.

45 Marion, Jean-Luc, « Cartesian Metaphysics and the Role of the Simple Natures », in *Cambridge Companion to Descartes*, Cottingham, J. (edit.), Cambridge University Press, 1992, p. 59-91.

L'INNÉITÉ DE TOUTES LES IDÉES

Parallèlement au discours qui lie de façon rigoureuse idées, principes, vérités et innéité, Descartes affirme à plusieurs reprises l'innéité de toutes nos idées et y inclut explicitement les idées sensorielles.

LES IDÉES SENSORIELLES INNÉES

À deux occasions, Descartes affirme que toutes nos idées, y compris celles des choses extérieures et les idées sensorielles sont innées[46], ce qui revient à affirmer, comme dans la citation ci-dessous, que toutes les idées sont innées :

> Je tiens que toutes celles [les idées] qui n'enveloppent aucune affirmation ni négation, nous sont *innatae.* (Descartes, 1897-1913, AT III 418 3-5.)

Face à Régius qui lui objecte que toutes les notions communes et l'idée de Dieu ont leur origine dans l'observation des choses ou dans l'instruction verbale et que, par conséquent, l'esprit n'a pas besoin d'idées innées[47], Descartes ne se contente pas de répéter les réponses qu'il a déjà faites aux objections empiristes de Hobbes et Gassendi[48]. Il offre à cette occasion un argument général en faveur de l'innéité de toutes nos idées :

> [...] même les idées du mouvement et des figures sont naturellement en nous : Et à plus forte raison les idées de la Douleur, des Couleurs, des Sons, et de toutes les choses semblables, nous doivent-elles être Naturelles, afin que notre Esprit, à l'occasion de certains mouvements corporels avec lesquels elles n'ont aucune ressemblance, se les puisse représenter. (Descartes, 1897-1913, AT VIII B 358-359.)

L'exemple de la cire

Le passage célèbre sur le morceau de cire dans les *Méditations* montre comment, selon Descartes, la perception même des choses hors de nous

46 Descartes, 1897-1913, AT VIII B 357 ; Descartes, 1897-1913, AT III 418.

47 Descartes, 1897-1913, AT VIII B 345.

48 Descartes, 1897-1913, AT VII 51 ; Descartes, 1897-1913, AT VII 188-189 ; Descartes, 1897-1913, AT VII 364-365 ; Descartes, 1897-1913, AT VII 381-382.

repose sur des idées innées. Tout comme les idées abstraites elles-mêmes, les idées des objets physiques ne peuvent émerger des seules sensations. Elles sont produites par l'esprit à partir de ses ressources internes. Lorsque l'on chauffe un morceau de cire, le contenu de nos sensations se ramène à un ensemble d'impressions sensorielles discontinues, représentant un bloc solide puis un liquide. Cette discontinuité contraste avec la persistance de ce que l'esprit « perçoit » réellement. Les données de la sensation, prises en elles-mêmes, sont donc incapables de fournir l'idée de l'identité de la cire, pourtant évidente pour nous. La perception (ou la conception) de la cire relève d'une inspection de l'esprit qui transcende nécessairement les données sensorielles.

De façon générale, les idées innées du corps et ses caractéristiques structurent notre perception du monde physique. L'esprit emploie ces idées dans l'appréhension sensorielle du monde extérieur. La représentation des objets physiques n'est possible qu'à l'aide d'idées innées qui fondent leur unité et leur permanence. Par exemple, la présence latente dans l'esprit de l'idée d'étendue nous fait expérimenter visuellement le rouge comme une extension étendue de la couleur ou comme une propriété des corps étendus. Pour reprendre les termes de Guenancia (2000), dans l'exemple de la cire, l'idée innée est celle d'un « invariant géométrique », nous procurant « l'idée de subsistance d'un certain mode de l'étendue (invariant numérique), qui est en soi subsistance de la même quantité de grandeur sous la diversité des changements que celle-ci revêt selon les trois dimensions[49] ». Par conséquent, il n'est nullement nécessaire de connaître clairement et distinctement cet invariant géométrique pour percevoir la cire. Nul besoin d'être physicien pour percevoir correctement le monde extérieur. Il suffit que mon entendement en ait une connaissance obscure et confuse. Au fil des *Méditations*, le lecteur acquiert une connaissance plus claire et distincte de cette idée en prenant conscience qu'elle est la condition de la perception. Comme le dit Gueroult (1953, vol. 1, p. 135) :

> La doctrine de l'innéité, non pas seulement de l'idée d'étendue, mais de toutes les idées qui, comme concepts de l'entendement, contiennent le principe d'unité, fondant la représentation des diverses choses, est d'ores et déjà impliquée ici [dans la deuxième méditation], non seulement en vertu de l'autonomie substantielle de la pensée qui veut que toutes mes pensées

49 Guenancia, 2000, p. 133.

proviennent de mon seul esprit, mais à cause du rôle assumé par ces idées comme conditions nécessaires de la représentation sensible de toutes les choses existantes.

S'il est possible que je juge que les manteaux et les chapeaux que j'observe de loin sont en réalité des hommes et non des machines inertes, c'est que j'ai en moi les idées de substance pensante et d'homme, idées que je serais bien incapable de tirer des seules apparences sensibles. Ce sont au contraire des idées innées, c'est-à-dire des idées préalablement – même si confusément – connues de moi, qui me permettent de reconnaitre qu'il s'agit bien d'hommes et non de machines, parce que ces apparences se présentent de telle sorte que leur intellection n'est possible que grâce à ces idées[50]. Les idées sensorielles innées sont bien la condition de l'identification des objets.

La géométrie naturelle

Dans le *Traité de L'homme*[51] et *La dioptrique*[52], Descartes défend l'existence d'une capacité innée à percevoir la distance, la taille et la forme des objets. Selon ses termes, l'âme estime ces qualités « comme par une géométrie naturelle ». Notre jugement en l'espèce est si juste qu'il semble être le résultat d'un calcul ou d'une mesure précise des angles ou de la longueur des côtés. Tout se passe comme si l'âme raisonnait à partir des données corporelles. Néanmoins, comme le souligne Alquié, Descartes ne veut pas dire que l'âme résout mathématiquement le problème en calculant explicitement la distance, la taille, la forme des objets. Ce calcul supposerait des connaissances mathématiques que la plupart des hommes ne possèdent pas. Or, comme nous l'avons remarqué plus haut, nous n'avons pas besoin d'être physiciens pour percevoir correctement les objets. Aussi faut-il comprendre la géométrie naturelle comme une mathématique « instinctive[53] ». Elle relève ainsi d'un acte simple de l'imagination : nous sommes capables d'estimer en un coup d'œil la distance, la grandeur et la figure des objets. Celles-ci ne sont pas, à strictement parler, vues mais elles sont imaginées par l'imagination

50 Descartes, 1897-1913, AT VII 32.
51 Descartes, 1897-1913, AT XI, 160.
52 Descartes, 1897-1913, AT VI 137.
53 Descartes, 2010, Tome II, note p. 429.

qui se fait intellection géométrique[54]. La connaissance géométrique est aidée par l'imagination même si elle n'est pas entièrement expliquée par elle[55]. La connaissance de la position, de la distance, de la taille et de la forme des objets, bien que relevant d'un acte simple de l'imagination, n'est pourtant déterminée par aucune image. Les diverses qualités qui se forment dans le cerveau à l'occasion de la perception n'ont pas besoin de ressembler aux objets. Car elles en sont les signes, non les copies. Les signes donnent à l'esprit l'occasion de juger ou de former ces idées au moyen d'une faculté innée. Descartes dénonce l'erreur que l'on a tendance à commettre en projetant une ressemblance entre les idées et les objets qui les causent[56]. La vision doit alors être pensée à la manière dont un homme aveugle est capable avec un bâton à partir de la résistance offerte à lui, d'observer toutes sortes de différences entre les objets. L'aveugle opère avec des signes, non grâce à la ressemblance. Quand il touche les corps de son bâton, il appréhende toutes les qualités par les divers mouvements que ces corps transmettent à son bâton et aux nerfs de sa main jusque dans son cerveau[57]. Tout comme l'aveugle qui n'est jamais en contact avec la vraie figure des choses, le voyant perçoit par un système de signes. Dans le *Traité du monde et de la lumière* (Descartes, 1897-1913, AT XI 160), l'aveugle est ainsi pris comme le paradigme de l'évaluation des distances par la géométrie naturelle : deux bâtons touchant l'objet font le même office que les yeux puisque ce n'est pas la vue qui appréhende la distance mais l'esprit qui géométrise les angles formés par les axes optiques ou les bâtons. Ce n'est pas la vue qui voit mais c'est l'intellect qui perçoit la distance, la taille, la forme des corps.

L'INSTITUTION DE LA NATURE

Les idées sensorielles innées relèvent de ce que Descartes nomme l'institution de la nature, qui désigne une correspondance systématique que Dieu a établie entre un mouvement dans le corps et une sensation ou un sentiment dans l'esprit. C'est la solution que Descartes a trouvée au problème de l'interaction causale de l'âme et du corps. L'institution de la nature apparaît alors comme la seule manière pour qu'un mouvement

54 Jean-Pierre Cavaillé, *Descartes : la fable du monde*, Paris, Vrin, 1991, p. 117.

55 De Rosa, 2010.

56 Descartes, 1897-1913, AT XI 6.

57 Descartes, 1897-1913, AT VI 84.

physique et qu'une représentation mentale qui n'entretiennent par ailleurs aucune affinité naturelle agissent l'un sur l'autre.

La théorie cartésienne de la sensation

L'innéité des idées sensorielles vient du fait qu'elles ne sont pas transmises directement par les objets du monde extérieur. Les différentes configurations du corps ou des états cérébraux sont ordonnées ou instituées par la nature pour donner l'occasion à l'esprit de former les sensations correspondantes. Les idées sensorielles sont produites en connexion avec le corps, à mesure que les configurations différentes de matière et de mouvement dans le cerveau affectent l'esprit de différentes façons. Les idées sensorielles sont donc seulement occasionnées en l'esprit par les mouvements de la glande pinéale, eux-mêmes causés par les mouvements des esprits animaux suscités par l'action des objets extérieurs sur les sens. C'est donc parce qu'elles n'ont aucune ressemblance avec les objets qui les causent que les idées sont innées. L'institution de la nature donne au corps joint à une âme un ensemble de dispositions permettant de conserver cette union[58]. Dans le *Traité de L'homme*, Descartes s'intéresse aux profils variés que prennent les fibres constituant la substance du cerveau. Le créateur établit un lien entre les stimulations externes et les nerfs, ce qui nous permet, par exemple, d'éviter un stimulus douloureux. Cette disposition naturelle signifie alors que si un feu brule notre main, les esprits animaux bougeront spontanément dans une partie du cerveau, ce qui nous induira à tourner nos yeux vers la source de douleur et à retirer notre main injuriée[59]. L'histoire du composé âme-corps est ainsi régie par la permanence d'une double disposition innée, celle du cerveau à adopter un certain état et celle de l'âme à adopter la passion correspondante. Ceci ne signifie cependant pas que toutes les dispositions sont innées pour Descartes. Certaines peuvent être acquises. Lorsqu'une passion est mue à l'occasion de l'action d'un objet sur nos sens, une association dans le cerveau se forme entre cette passion et l'objet de ce type. La trace matérielle de cette association correspond à la capacité des objets du même type à émouvoir par la suite cette même passion en nous[60]. L'institution naturelle régissant

58 Descartes, 1897-1913, AT IV 166 22.

59 Clarke, 2003.

60 Les aliments sont présentés par Descartes dans la lettre à Chanut du premier février 1647 comme les premiers objets passionnels.

la relation du corps à l'âme comporte alors des degrés : la disposition du corps à ressentir la douleur qui est un impératif naturel est institué d'une manière différente de celle à émouvoir en nous d'autres passions. Dieu n'a pas permis que l'union soit ainsi faite que le corps dispose de nous dans la vie passionnelle, ni que la jointure des deux substances soit parfaite[61].

L'innéité et la véracité

En faisant place à la géométrie naturelle et aux idées sensorielles innées, Descartes étend l'innéité à ce qui relève de notre nature de composé âme/corps, et non pas seulement à ce qui relève de notre pur intellect. Comme le dit Gueroult, les sensations sont originellement données à moi-même dans et par l'union substantielle pour constituer « ma nature » au sens étroit du terme : elles sont innées à « ma nature » et cette nature est elle-même innée non à mon entendement pur mais à ma nature d'homme qui comprend, outre l'entendement seul, la substance composée[62].

L'union âme/corps est elle-même pensée comme un fait psychologique primitif, inintelligible par la spéculation philosophique mais ressentie de façon innée[63]. Le propre du ressenti est qu'il nous fait adhérer pleinement et immédiatement à ce qui se présente à nous. Il implique l'identification à l'objet dans une immédiateté qui le soustrait au doute. Nous n'avons ordinairement pas conscience de former un jugement lorsque nous percevons. Il y a alors une certitude totale des sentiments que nous éprouvons. C'est ce qui explique que nous ayons une inclination innée, instinctive, irrésistible à croire que la cause de la perception est le corps[64]. L'union entre l'âme et le corps est si étroite qu'elle nous porte à croire que les idées sensorielles sont causées par les objets extérieurs. L'homme du commun enraciné dans la vie sensible attribue sans hésiter au corps la cause de la passivité dans son âme. Cette inclination naturelle ne produit certes pas des idées claires et distinctes. Mais elle reçoit la garantie de la véracité divine. Elle est vérace, comme l'est tout sentiment. Comme le dit Descartes dans la

61 L'union âme/corps est un fait mais c'est aussi un combat, un problème pratique posé à tout homme.

62 Gueroult, 1953, vol. II, p. 136.

63 Lettre à Elisabeth du 28 juin 1643.

64 Gueroult, 1953, p. 81.

méditation sixième, « il n'y a point de doute que tout ce que la nature m'enseigne contient quelque vérité[65] ». Dieu nous tromperait s'il nous mettait à la merci d'une inclination fallacieuse. Tout ce dont Dieu est l'auteur étant nécessairement réel et vrai, l'instinct et le sentiment qu'il a créés, tout autant que mon entendement, doivent être authentiques. Cette inclination permet de déterminer ce qui constitue ma nature de façon authentique. Le sentiment me permet de connaître ce qu'il a pour mission de m'enseigner, par exemple que la flamme brûle celui qui la touche et que l'on doit éviter de la trop approcher.

Ainsi, la prise en compte du fait inné de l'union a deux conséquences majeures sur la conception cartésienne de l'innéité. Premièrement, elle fait de la distinction entre idées innées, factices et adventices une conception du sens commun[66]. Ce classement se fait du point de vue de l'origine des idées et non de leur valeur objective. Parce que le sens commun croit pouvoir résoudre le problème de la valeur objective en se référant à l'origine supposée connue des diverses idées, adopter son point de vue revient à concéder provisoirement aux idées adventices le privilège de la valeur objective. Dans l'introduction de son ouvrage, *Les idées et vérités éternelles chez Descartes et ses successeurs*, Rodis-Lewis (1985) souligne ainsi le caractère transitoire de la distinction entre idées innées, factices et adventices : celle-ci n'est qu'un jalon utile pour conclure à l'innéité de Dieu (dans la troisième méditation), puis des essences mathématiques (dans la cinquième méditation) en les différenciant de ce que nous pouvons forger ou recevoir de l'extérieur. Cette distinction est aussitôt abandonnée par Descartes car elle suppose un critère ontologique qu'il cherche en vain et repose sur cette tendance à croire à la ressemblance entre nos concepts et la réalité, tendance qui est précisément la source de nos erreurs[67]. En réalité, l'action des corps extérieurs sur ma nature composée n'est que l'occasion de l'éveil en moi de ces sentiments de tout temps présents dans ma substance composée. Ce qui en dépend se réduit au fait que telle sensation innée est réveillée en moi à tel moment. Ce qu'il y a d'adventice dans la perception est alors simplement le moment particulier où surgit ma représentation sensible, mais en aucun cas les éléments constitutifs de cette représentation qui sont les invariants

65 Descartes, 1897-1913, AT IX 64.
66 Gueroult, 1953, p. 78.
67 Alquié, 1946.

géométriques, les qualités sensibles ou la signification vitale que celles-ci peuvent revêtir.

La deuxième conséquence est que l'innéité cartésienne n'est pas réductible à la vérité comprise comme évidence claire et distincte, mais correspond plus largement à la véracité. L'expérience de l'union est avant tout l'expérience des affects, des plaisirs et des peines nés en vertu des dispositions innées du composé âme/corps. Ces affects et ces sentiments sont néanmoins des façons confuses de penser car ils nous donnent l'illusion que leur valeur objective est assurée par leur origine.

L'INNÉITÉ SELON DESCARTES

Comment Descartes peut-il distinguer idées innées et idées adventices et en même temps dire que les idées de mouvement, de figure, de douleur, de couleur sont innées ? Ces deux affirmations apparemment paradoxales sous-tendent deux conceptions distinctes de l'innéité qu'il nous faut présenter et dont il convient d'interroger l'articulation.

DEUX CONCEPTIONS DE L'INNÉITÉ

Il y a deux types de textes cartésiens concernant l'innéité, ceux qui identifient l'inné à l'implicite et ceux qui définissent l'innéité comme une disposition.

Des idées « présentes mais submergées »

Plusieurs textes décrivent les idées innées comme « présentes mais submergées[68] ». Les idées innées sont celles qui sont implantées dans notre esprit, imprimées en notre âme par Dieu[69]. Elles sont comme un trésor préétabli dans notre esprit[70]. Selon cette conception, les idées innées sont donc conçues comme toujours déjà actuellement présentes

68 L'expression est tirée de John Cottingham, *A Descartes Dictionary*, Cambridge MA, Blackwell, 1993.

69 Descartes, 1897-1913, AT VII 105 ; Descartes, 1897-1913, AT VIII A 42.

70 Descartes, 1897-1913, AT VII 67.

dans l'esprit dans leur forme complète, même si nous ne faisons pas attention à elles[71]. Elles sont déjà là, dans l'entendement, immuables, définitives, passives. L'idée n'est alors pour rien dans la prise de conscience dont elle est l'objet[72]. Dieu place donc en nos esprits des idées actuelles mais implicites :

> Toutes ces choses, dont la connaissance est dite mise en nous par la nature, ne sont pas pour autant explicitement connues de nous ; mais seulement elles sont telles que nous les puissions connaître, sans aucune expérience des sens, par les forces de notre propre intelligence. (Descartes, 2010, III, p. 30.)

Pour rendre manifestes les idées innées, il faut donc tourner son attention vers elles. Face à la passivité de l'idée, l'effort d'attention relève essentiellement de la volonté. L'explicitation est l'œuvre non de l'entendement mais de la volonté et consiste à accommoder l'attention sur l'idée. Les idées innées restent inaperçues tant que l'esprit ne tourne pas son attention vers elles. Cette inattention provient du fait qu'elles sont rendues confuses par d'autres considérations. Si l'enfant n'a pas l'idée actualisée de Dieu, c'est parce que son esprit est aveuglé par les objets des sens. Il possède bien des idées innées complètes, mais leur accès se trouve bloqué, empêché par son esprit distrait par les problèmes corporels qui occupent son attention. De la même manière, bien que l'idée de Dieu soit imprimée dans l'esprit humain de telle sorte que chacun a en lui-même le pouvoir de la connaître, certains peuvent passer leur vie entière sans en avoir même une représentation distincte[73]. Voici ce que Descartes dit dans une lettre à Hyperaspites :

> chacun a en lui-même une idée implicite de Dieu, c'est-à-dire, une aptitude à la percevoir explicitement ; mais je ne suis pas surpris que pas tout le monde ne soit conscient qu'il l'a ou remarque qu'il l'a. (AT III 430[74].)

On peut donc dire que nous avons une idée de Dieu même quand nous ne percevons pas actuellement cette idée.

---

71 Descartes, 1897-1913, AT VII 63-64.

72 Alquié, 1956 ; Belaval, 1960.

73 Descartes, 1897-1913, AT IV 187.

74 Voir aussi la Lettre à Clerselier du 17 février 1645, Descartes, 2010, III, p. 558.

La conception dispositionnelle

Pourtant, dans les *Annotations aux Principes*, Descartes refuse catégoriquement que les idées innées soient représentées dans l'âme à la manière dont les vers sont contenus dans un livre de Virgile[75]. On trouve ainsi chez Descartes une conception alternative qui affirme que les idées innées ne sont pas toujours déjà présentes dans l'esprit dans leur forme complète. Si nous pouvons avoir des idées innées que nous n'avons pas encore remarquées, c'est que l'innéité des idées renvoie seulement au pouvoir que nous avons de les produire. Descartes répond de cette manière aux auteurs des secondes objections : « Que nous avons en nous-mêmes un fondement suffisant pour former l'idée de Dieu, vous ne dites rien de contraire à mon opinion[76] ». Voici ce qu'il écrit encore dans les *Notae in programma* en réponse à Regius :

> Dans le douzième article, je trouve qu'il [Regius] n'est différent de ce que je dis qu'en la manière de s'exprimer : car quand il dit que l'esprit n'a pas besoin d'idées, ou de notions, ou d'axiomes qui soient nés ou naturellement imprimés en lui, et que cependant il lui attribue la faculté de penser, c'est-à-dire une faculté naturelle et née avec lui, il dit la même chose que moi, quoiqu'il semble ne le pas dire. Car je n'ai jamais écrit ni jugé que l'esprit ait besoin de quelque chose de différent de la faculté qu'il a de penser. Mais bien est-il vrai que, reconnaissant qu'il y avait certaines pensées qui ne procédaient ni des objets de dehors, ni de la détermination de ma volonté, mais seulement de la faculté que j'ai de penser : pour établir quelque différence entre les idées ou les notions qui sont les formes de ces pensées, et les distinguer des autres qu'on peut appeler étrangères, ou faites à plaisir, je les ai nommées naturelles (*innatas*). (Descartes, 2010, III, p. 807.)

À l'objection de Hobbes selon laquelle l'idée de Dieu restant inaperçue pendant le sommeil ne peut être innée, Descartes répond que l'expression « idée née avec nous » signifie en fait que « nous avons la faculté de la produire[77] ». Dans la lettre à Regius du 24 mai 1640, Descartes admet déjà que l'esprit a la faculté d'amplifier les idées des choses et que cette amplification participe à la formation de l'idée de Dieu[78]. Les idées innées ne seraient donc pas des idées actuelles imprimées comme telles

75 Descartes, 1897-1913, AT XI 655.

76 Descartes, 1897-1913, AT IX 105.

77 Descartes, 1897-1913, AT VII 189 ; Descartes, 2010, II, p. 622.

78 Descartes, 1897-1913, AT III 64 ; Voir aussi Descartes, 1897-1913, AT VII 365.

en nous. Elles seraient dans l'esprit d'une manière seulement virtuelle ou potentielle. L'innéité cartésienne ferait référence simplement à la faculté même que nous avons de penser, « car être naturellement dans une faculté ne veut pas dire y être en acte, mais en puissance seulement, vu que le nom même de faculté ne veut pas dire autre chose que puissance[79] ». Elle n'impliquerait alors aucune préformation. Cette conception dispositionnelle de l'innéité est exposée de la façon la plus claire et la plus complète dans les *Notae in programma*, dans lequel Descartes fait une analogie entre idées innées et maladies héréditaires :

> je les [les idées] ai nommées naturelles (*innatas*) ; mais je l'ai dit au même sens que nous disons que la générosité, par exemple, est naturelle (*innatam*) à certaines familles, ou que certaines maladies, comme la goutte ou la gravelle, sont naturelles à d'autres ; non pas que les enfants qui prennent naissance dans ces familles soient travaillés de ces maladies au ventre de leurs mères, mais parce qu'ils naissent avec la disposition ou la faculté de les contracter. (Descartes, 2010, III, p. 807.)

Selon cette conception, l'idée innée n'est pas plus qu'une faculté ou une disposition de penser cette idée[80].

UNE CONCEPTION UNIFIÉE ?

Comment articuler dès lors ces deux conceptions ? Comment comprendre la multiplicité des idées innées ? Descartes a-t-il une conception unifiée et cohérente de l'innéité ? Certains commentateurs pensent qu'il faut privilégier une conception au détriment de l'autre. John Cottingham défend, par exemple, l'idée selon laquelle la véritable position de Descartes considère les idées innées comme étant « présentes mais submergées ». Il n'y aurait donc nul besoin de mobiliser le concept vague de potentialité ou de faculté. Steven Nadler, au contraire, suggère que la conception dispositionnelle est celle qui doit l'emporter[81]. D'autres affirment encore que coexistent chez Descartes deux (voire trois) interprétations différentes

---

79 Descartes, 1897-1913, VIII B 166-167.

80 Descartes, 1897-1913, AT VII 189 ; Il s'agit également de la thèse de Régis, *Système de philosophie*, d'Arnauld, *Des vraies et fausses idées*, XXVII et de La Forge, *Traité de l'esprit de l'homme, de ses facultés et fonctions, et de son union avec le corps, suivant les principes de R. Descartes.*

81 Steven Nadler, « The Doctrine of Ideas », in *The Blackwell Guide to Descartes' Meditations*, S. Gaukroger (edit.), 2006, Malden, MA, Blackwell, p. 86-103.

de l'innéité que l'on chercherait en vain à unifier[82]. Enfin, l'ouvrage récent de Boyle (2009) argumente en faveur d'une théorie unitaire.

Le double sens de l'idée cartésienne

Une partie de l'ambiguïté du discours sur l'innéité peut en réalité être éclaircie si l'on prend en compte le double sens qu'a l'idée pour Descartes[83]. Dans la lettre au père Mersenne de juillet 1641, la définition que donne Descartes de l'idée est très vague :

> J'appelle généralement du nom d'idée tout ce qui est dans notre esprit, lorsque nous concevons une chose, de quelque manière que nous la concevions. (Descartes, 1897-1913, AT III 392-393.)

Mais Descartes précise sa définition en distinguant deux sens de la notion d'idée. Dans la préface des *Méditations métaphysiques*, Descartes affirme que l'idée peut être prise objectivement comme la chose représentée par l'opération de l'intellect ou matériellement comme cette opération elle-même[84]. L'idée est donc à la fois un objet de pensée et un acte de pensée. Du point de vue objectif, les idées représentent des objets et réfèrent ainsi à un contenu institué par Dieu et imprimé dans notre esprit. Les idées sont les objets existant actuellement et objectivement dans l'esprit. En ce sens, les idées innées sont présentes à l'intellect même si elles ne sont pas d'emblée et toujours aperçues. La conception des idées innées comme « présentes mais submergées » est compatible avec le point de vue objectif qui conforte la distinction entre idée innée, factice et adventice.

Du point de vue matériel, les idées représentent les opérations de l'intellect. De ce point de vue, le langage dispositionnel pour penser l'innéité paraît alors plus approprié car les idées au sens objectif ne sont pas toujours aperçues par l'esprit. C'est donc l'acte de pensée qui est dispositonnel : l'esprit a la disposition de former les idées innées. Ce point de vue permet de comprendre en quoi toutes nos idées sont innées. Toutes nos idées sont innées dans le sens où nous sommes nés avec le pouvoir de les former sans les recevoir de l'extérieur.

82 Jolley, 1998 ; McRae, 1972 distingue trois conceptions de l'innéité chez Descartes : une conception réflexive, une conception platonicienne et une conception dispositionnelle.

83 Voir Boyle, 2009, même si l'auteur distingue non pas deux sens mais trois sens de la notion d'idée innée chez Descartes.

84 Descartes, 1897-1913, AT VII 8.

Ainsi, à l'instar de certains commentateurs, pourrait-on faire une différence de degré entre les idées innées[85]. Les idées innées au sens fort sont celles qui dérivent du pouvoir de la pensée seule. Les idées non adventices et non factices sont innées en ce sens. Plus les idées font intervenir les sens ou l'imagination dans leur formation, moins elles sont innées. Dans la même veine, Gueroult (1953) distingue deux notions cartésiennes d'innéité, celle des idées innées claires et distinctes relevant de l'entendement pur et celle des idées innées venant de l'union âme-corps. Les secondes qui surgissent avec l'union et qui périssent donc avec le corps, ne sont, selon lui, innées qu'en un sens plus faible, qu'au « au second degré ». Elles sont « congénitales » et non éternelles[86]. Toutes les idées au sens matériel sont innées car ce sont des opérations de pensée. Lorsque Descartes parle d'idées sensorielles innées, il ne s'agit donc pas d'une intellectualisation de la sensation puisque les sens ont leur propre façon de nous représenter les corps et utilisent des indices empiriques pour accomplir cela. Il s'agit simplement de dire que l'idée relève de la disposition de l'esprit à la former[87]. Selon Schmaltz (2008), les idées sensorielles innées sont innées, au sens où elles sont produites par une faculté de l'esprit, n'importe laquelle. Dans la mesure où les idées sont des modes de pensée, il n'y a pas d'inégalités entre elles, elles semblent toutes procéder du moi de la même manière, même si dans la mesure où elles représentent quelque chose, il est bien évident qu'elles différent entre elles[88]. Toutes les idées innées procèdent de la nature humaine mais certaines semblent immuables quand d'autres dépendent davantage des sens et de l'imagination pour leur contenu. Selon cette lecture, la façon dont les idées adventices peuvent légitimement être caractérisées comme « innées » n'est pas exactement la même que dans le cas des idées intellectuelles pures. Mais dans la mesure où « inné » signifie « dérivé de ma nature », cette ambivalence découle de l'ambiguïté de ce qu'est la nature de l'homme[89]. Lorsque Descartes parle des idées de douleur, de couleur, de son, mouvement ou figure comme des idées innées, il prend la nature dans le sens du composé de l'esprit et du corps.

85 Winkler, 1993 ; Boyle, 2009.
86 Gueroult, 1953, p. 101.
87 Clarke, 2003.
88 Descartes, 1897-1913, AT VII 40.
89 Winkler, 1993.

L'implicite et le potentiel

Dans le cas des idées abstraites, le processus de découverte correspond à une explicitation d'idées présentes mais submergées. Celles-ci sont actuelles tout en étant implicites. Elles n'ont pas besoin d'être aperçues pour agir comme condition de notre raisonnement. Mais leur explicitation requiert un acte volontaire d'attention[90]. Dans le cas des idées sensorielles en revanche, le processus de découverte ressemble davantage à l'actualisation d'une disposition, dans la mesure où il s'agit d'un processus déclenché automatiquement par une stimulation externe, comme dans le cas de la perception et de la géométrie naturelle. Dans les circonstances appropriées, l'esprit forme automatiquement certaines idées.

Mais y a-t-il une réelle différence entre le processus d'explicitation et le processus d'actualisation d'une idée innée et, partant, entre l'implicite et le potentiel chez Descartes ? Les deux processus ont besoin d'une cause déclenchante pour avoir lieu. Même l'idée de Dieu a besoin d'une cause déclenchante[91]. Ce serait donc simplement la nature (extérieure ou intérieure) de cette cause qui détermine la distinction entre idées intellectuelles et idées sensorielles. Dans le cas des idées intellectuelles, c'est la réflexion introspective qui est la cause déclenchante. Dans le cas des idées sensorielles, ce sont les données corporelles qui sont les occasions de susciter en nous des sensations. Mais dans les deux cas, la source véritable des idées (au sens matériel) est bien l'esprit, même si, au sens objectif, il s'agit de Dieu. Les idées adventices, si elles sont occasionnées par les objets externes sont aussi causées par l'esprit lui-même, dans la mesure où elle sont idées ou modes de pensée.

En réalité, les deux processus que sont l'explicitation et l'actualisation ne sont pas incompatibles. La disposition touche aussi bien les idées

90 C'est pourquoi certains confondent l'explicitation avec le processus qui consiste à rendre l'idée claire et distincte. Selon Boyle (2009), c'est la confusion que commet Beyssade (1992) en disant que l'idée de Dieu est rendue manifeste par le déroulement actuel de la preuve de son existence et que son contenu est rendu explicite seulement à la fin de la preuve, après l'affirmation de l'existence de Dieu. Selon Boyle (2009), tandis que les preuves de l'existence de Dieu parviennent à rendre son idée de Dieu plus claire et plus distincte, l'idée de Dieu est déjà explicite avant que les preuves ne soient dévoilées. Descartes rend certes l'idée innée de Dieu plus précise en énumérant ce que l'idée contient. Mais le processus qui rend une idée au sens matériel plus distincte présuppose que l'idée au sens objectif ait déjà été explicitement perçue.

91 Rodis-Lewis, 1985, p. 51.

innées au sens fort que les idées innées au sens faible. Quand le penseur fait attention à cette nature objectivement présente, il en vient à avoir une idée innée au sens matériel : il tourne son attention envers les pensées qui reposent implicitement sur les concepts des essences objectivement présentes. Avoir une idée existante objectivement c'est donc aussi avoir la capacité de la percevoir. Pour chaque essence, on doit avoir une aptitude ou une disposition correspondante de percevoir cette essence. Ces dispositions mentales ont besoin d'un stimulus qui doit jouer un rôle causal ou du moins déclencheur dans l'occurrence de la pensée. Le processus d'explicitation des idées implicites peut donc aussi être interprété comme l'actualisation d'une disposition à avoir cette idée. C'est peut-être parce que Descartes n'a pas une conception explicite de l'inconscient qu'il ne semble pas faire de différence entre une pensée occurrente à laquelle on ne fait pas attention et une pure disposition à avoir de telles pensées. C'est peut-être tout simplement parce que la notion de disposition est elle-même ambiguë en ce qu'elle pose la question de savoir dans quelle mesure elle contient en elle-même l'idée qu'elle est disposée à atteindre.

LA CONTROVERSE SUR LES IDÉES INNÉES À L'ÂGE CLASSIQUE

La controverse la plus célèbre à l'âge classique concernant les idées innées oppose Leibniz à Locke. Locke propose dans *L'Essai sur l'entendement humain* une critique virulente de l'innéisme, tout en contribuant à introduire le terme « inné » dans la langue française[1]. Les *Nouveaux essais sur l'entendement humain* de Leibniz répondent point par point à cette critique. Mais Leibniz s'oppose également à Malebranche. Avant la condamnation de l'innéisme formulée par Locke, Malebranche a déjà émis un certain nombre de réserves à l'égard de l'innéisme qui ont fortement ébranlé cette position. Dans le *Discours de métaphysique*, donc bien avant les *Nouveaux Essais*, Leibniz présente en effet sa théorie des idées innées comme une position alternative à la doctrine malebranchiste de la vision en Dieu[2].

LE STATUT ONTOLOGIQUE DES IDÉES INNÉES

L'IMPOSSIBILITÉ MÉTAPHYSIQUE DES IDÉES INNÉES

Malebranche et Locke vont mettre en lumière, pour des raisons qui leur sont propres, les difficultés liées au statut ontologique des idées innées.

L'antipsychologisme de Malebranche

L'argument fondamental de Malebranche contre les idées innées vient de sa conception des idées que l'on peut qualifier avec Ferdinand

1 Rodis-Lewis, 1985, p. 8.
2 Jolley, 1998.

Alquié d'« antipsychologique[3] ». Dans son système, l'idée perd le double caractère (objectif et subjectif) qu'elle avait chez Descartes pour ne conserver que l'objectivité. Et c'est précisément ce qui rend à ses yeux l'innéité d'une idée impossible. Malebranche dissocie donc clairement les idées objectives et les modifications subjectives de l'esprit, simples modes de pensée ou sentiments[4]. L'idée ne dépend jamais d'un esprit particulier et fini. L'idée est éternelle. Elle ne peut se situer que dans un être éternel, c'est-à-dire Dieu. Ainsi, au sens strict, les idées ne peuvent pas être innées puisqu'elles ne sont pas dans l'esprit. Il n'y a pas plus de sens à parler de l'innéité de certaines perceptions, dans la mesure où, si les perceptions sont bien des modifications de l'esprit, elles sont occurrentes et passagères. Il est alors absurde d'affirmer que certaines perceptions sont présentes à l'esprit depuis sa naissance, ou même depuis une quelconque période relativement longue.

Plus précisément, dans la *Recherche de la vérité*, Malebranche réfute successivement deux versions de la théorie des idées innées[5] qu'il ne relie pas explicitement à Descartes mais qui correspondent néanmoins aux deux interprétations de la conception cartésienne des idées innées dégagées ci-dessus. Nous avons vu en effet que l'innéité cartésienne peut se concevoir « en acte » ou « en puissance[6] ». La première version de la théorie des idées innées critiquée par Malebranche consiste à affirmer que « toutes ces idées sont innées ou créées avec nous » et donc correspond bien à la conception cartésienne des idées innées comme « présentes mais submergées ». Les idées innées sont ici considérées comme présentes actuellement à l'état complet de développement. Selon cette conception, Dieu en nous créant aurait créé en nous toutes les idées. L'esprit aurait en lui « un magasin de toutes les idées qui lui sont nécessaires pour voir les objets[7] ». Cette version de la théorie des idées innées n'est pas tenable pour Malebranche car elle implique de supposer que Dieu crée dans l'esprit une infinité d'idées, soit simultanément, soit d'une manière successive et selon nos besoins du moment[8], ce qui est contraire à la simplicité des voies divines. L'esprit créé et fini a une capacité restreinte,

3 Alquié, 1974.
4 Cette distinction se situe au centre de la polémique qui oppose Arnauld à Malebranche.
5 Malebranche, 1958-1967, OC I 417-436.
6 Rodis-Lewis, 1963.
7 Malebranche, 1958-1967, OC III 392.
8 Rodis-Lewis, 1963, p. 67.

il est incapable d'embrasser une infinité d'idées. S'il aperçoit les idées, ce ne peut être qu'en Dieu. Il n'est donc pas vraisemblable que Dieu crée en même temps que chaque âme les idées de toutes choses. Il n'est pas non plus vraisemblable que Dieu crée les idées à mesure qu'on les pense, puisque l'on peut penser en tous temps à toutes choses. Les idées sont éternelles, elles doivent déjà être là, disponibles, prêtes à se présenter lorsque nous le voulons[9]. En outre, même si la présence d'une infinité d'idées en l'esprit était possible, on ne pourrait pas expliquer comment l'esprit serait capable de sélectionner parmi ces idées puisque l'impression ne ressemble pas à l'objet[10]. Il est ainsi beaucoup plus simple pour Dieu de mettre notre esprit en relation directe et constante avec le monde intelligible où toutes les idées sont contenues[11]. Il suffit alors pour connaître de considérer avec attention les idées qui se trouvent en Dieu.

La seconde version de la théorie des idées innées critiquée par Malebranche soutient que « l'esprit n'a besoin que de soi-même, pour apercevoir les objets, et qu'il peut, en se considérant et ses propres perfections, découvrir toutes les choses qui sont au dehors ». Il s'agit cette fois de ce que nous avons appelé « la conception dispositionnelle de l'innéité ». Or, pour Malebranche, cette conception ne peut être le fruit que de la « vanité naturelle, l'amour de l'indépendance et le désir de ressembler à celui qui comprend en soi tous les êtres ». Elle considère de façon orgueilleuse l'esprit humain fini comme égal à l'esprit divin infini. Penser que l'âme a le pouvoir de trouver en elle les idées innées reviendrait à dire qu'elle est comme un monde intelligible qui comprend en soi tout ce que comprend le monde matériel et sensible et même infiniment davantage. Or, l'âme ne saurait posséder en elle-même les idées des objets. L'âme en se contemplant elle-même saisit ses propres modifications ou sentiments qui ne représentent rien hors d'elle. Les idées lui sont immanentes sans pour autant être des propriétés de sa substance. Elles sont en Dieu et l'âme qui repose elle-même en Dieu les a donc depuis toujours à sa disposition, de façon latente[12] mais elles ne peuvent être à strictement parler le résultat de dispositions de l'esprit.

9 Alquié, 1974.

10 Gueroult, 1987.

11 Jean-Marie Gaonach, *La théorie des idées dans la philosophie de Malebranche*, Brest, 4, rue du Château, 1908.

12 Gueroult, 1987.

La théorie malebranchiste de la vision en Dieu signifie que pour avoir des idées et atteindre la connaissance, notre esprit doit être illuminé par les idées de Dieu. La raison n'est jamais illuminante, elle n'est qu'illuminée. L'âme n'est donc pas non plus capable d'engendrer ses propres idées. En somme, parce que les idées sont infinies, nécessaires, éternelles, intelligibles, et parfaites, elles ne peuvent résider que dans un être qui jouit de ces mêmes propriétés. Étant moi-même une choses finie, l'Idée, comme réalité infinie, ne peut être le produit ou la détermination de mon âme qui est une créature. Les idées résident donc en Dieu. L'Idée est autre chose qu'une modification de mon moi. Les idées sont des entités réelles, des êtres spirituels. On ne peut, par conséquent, nous en attribuer la formation[13]. Ainsi, pour Malebranche, la doctrine des idées innées commet une confusion entre la logique et la psychologie, entre les concepts et les pensées. Un événement mental particulier ne saurait se réduire à l'entité abstraite qu'est l'Idée dont il n'est qu'une occurrence.

L'actualisme de Locke

Le rejet des idées innées est la conséquence de l'actualisme lockéen qui refuse toute dimension de virtualité à la conscience. De façon générale, la présence latente d'idées et principes innés dans l'esprit n'est pas possible. Selon Locke, il est insensé de dire qu'une proposition est dans l'esprit, si on ne l'a jamais connue ou si on n'en a jamais été conscient auparavant. Autrement, pour la même raison, toutes les propositions vraies que l'esprit pourrait un jour admettre seraient, de la même manière, imprimées dans l'esprit avant sa naissance, ce qui est absurde. Si une idée est innée, nous ne devrions pas avoir à l'apprendre car si nous avons à l'apprendre, cela signifie qu'elle serait en nous mais sans l'être vraiment : en quel sens alors serait-elle innée ?

Toute idée qui ne se manifeste pas effectivement et qui est pourtant dans l'esprit, ne peut se trouver que dans la mémoire. Et si elle est dans la mémoire, elle a déjà fait l'objet d'une expérience passée en cette vie et peut donc aisément être ravivée sans l'intervention d'aucune impression externe. Locke affirme ainsi :

---

13 Jean-Marie Gaonach, *La théorie des idées dans la philosophie de Malebranche*, Brest, 4, rue du Château, 1908.

> S'il y avait des idées innées, des idées auxquelles l'esprit ne pense effectivement pas, elles devraient être logées dans la mémoire, et, pour apparaître, être tirées de là par réminiscence. [...] Car se remémorer, c'est percevoir quelque chose avec le souvenir ou la conscience qu'on l'a connu ou perçu auparavant ; faute de quoi, toute idée qui se présente à l'esprit est nouvelle et non remémorée, la conscience de sa présence antérieure étant ce qui distingue la réminiscence de toutes les autres façons de penser. (Locke, *Essai sur l'entendement humain*, I IV 20, 2001, p. 137.)

L'existence d'idées innées implicites suppose d'admettre qu'elles aient été au moins une fois explicites. Pour Locke il n'y a donc qu'une seule manière d'être présent à l'esprit : la manière consciente[14]. La notion d'une pensée sans conscience, d'une potentialité dont nous n'avons aucune perception est contradictoire.

Cette critique lockéenne revient à dire que l'innéisme, s'il signifie quelque chose, est nécessairement préformationniste : la seule manière de lui attribuer un sens implique une connaissance innée immédiatement disponible, inscrite dans l'esprit. Une idée ne peut être innée sans être présente à la naissance car on ne saurait avoir une idée sans savoir ou sentir qu'on l'a.

UNE ONTOLOGIE DE LA VIRTUALITÉ

Les innéistes en supposant l'existence d'idées innées, c'est-à-dire la possibilité d'idées existant dans l'esprit avant d'être, voire sans être, aperçues par la conscience se voient forcés de donner un statut ontologique à la virtualité. Si Descartes reste ambiguë sur cette question, Leibniz tente de la résoudre grâce à sa théorie des petites perceptions.

L'implicite cartésien

Il ne semble pas y avoir d'inconscient pour Descartes. Il n'y a pas d'actions de l'esprit dont nous ne soyons pas immédiatement conscients[15]. Pour cette raison, certains commentateurs ont reproché à Descartes de ne pas avoir les moyens théoriques de penser la notion de disposition[16] : la disposition cartésienne n'en serait pas vraiment une dans la mesure où il

14 Locke, 2001, II X 2.

15 Descartes, 1897-1913, IV AT VII 246 ; McRae, 1972.

16 Margaret Wilson, *Descartes*, London, Routledge & Kegan Paul, 1978.

n'y a aucune place dans le système cartésien pour des pensées non occurrentes. Descartes semble en effet accorder seulement l'existence de pensées actuelles auxquelles on ne fait pas attention. Quand je commence à faire attention à une idée innée, je n'active pas une disposition, je commence à remarquer une idée qui était présente tout le temps dans une forme non dispositionnelle. La connaissance implicite cartésienne serait donc aussi actuelle que la connaissance explicite ; la seule différence est que l'on n'y fait pas attention. Selon Wilson, Descartes confond la distinction entre la connaissance implicite et la connaissance explicite avec celle qui différencie connaissance actuelle et connaissance potentielle. Selon cette interprétation, Descartes n'a jamais pensé l'inconscient en tant que tel, et la conception dominante de l'innéité chez Descartes est celle des idées « présentes mais submergées », c'est-à-dire des idées qui sont déjà formées dans l'esprit, et auxquelles l'esprit n'a plus qu'à prêter attention.

Il y a une distinction entre la conscience et la pensée ou la réflexion chez Descartes. Être conscient de tout ce qui existe en nous n'est pas la même chose que de penser à ce qui existe en nous. Je ne peux certes jamais à tout moment penser sans être conscient de ma pensée mais je peux réfléchir ou penser à ma pensée. La conscience sans la pensée, c'est l'implicite, le préréflexif. C'est ce qui permet à Descartes de répondre à l'objection de Burman. Burman se demande si considérer le cogito comme un acte primitif de pensée dérivé d'aucun syllogisme est cohérent avec le passage des *Principes de la philosophie* (I, X)[17] qui affirme l'antériorité (sur le cogito) de la pensée, de l'existence et de la prémisse : pour penser, il faut être. La connaissance de ces dernières précède la connaissance du cogito qui ne pourrait donc plus être considérée comme primitive. Pour résoudre cette apparente contradiction, Descartes précise que la pensée, l'existence et la prémisse : pour penser, il faut être, sont premières en ce qu'elles sont toujours implicitement présupposées[18]. Mais je n'ai pas toujours une connaissance exprimée et explicite de cette priorité alors que j'ai une connaissance première du cogito quand je fais attention seulement à ce que j'expérimente en moi-même. Il en est de même de l'idée de parfait qui est logiquement présupposée et donc implicite dans la connaissance de ma propre imperfection[19]. Toute la démarche des

17 Descartes, 1897-1913, AT IX 29.

18 Descartes, 1897-1913, AT V 147 ; McRae, 1972.

19 Descartes, 1897-1913, AT V 153.

quatre premières méditations qui consiste à extraire de ma conscience les concepts de chose, de pensée, de vérité, de substance, de Dieu, de liberté revient à diriger l'attention sur ce dont je suis conscient dans le cogito d'une manière préréflexive. Ces notions sont innées dans le sens où elles sont implicites dans l'expérience ou la conscience, même si elles ne sont pas antécédentes à la conscience, mais seulement à la réflexion sur la conscience. Tout homme a une connaissance implicite de ces concepts à partir du simple fait qu'il pense et qu'il est conscient de penser. La connaissance explicite serait donc en continuité avec la perception claire et distincte de ce dont nous sommes conscients de façon préréflexive. Boyle (2009) propose alors de distinguer deux niveaux dans la conscience : une conscience non séparée de l'expérience mentale actuelle et une conscience explicite à travers un acte séparé de pensée. C'est donc seulement au sein de la conscience qu'il y a une distinction entre l'explicite et l'implicite[20].

Mais si l'on prend la pensée comme un attribut essentiel de ce qui est mental et non comme identifiable à la réflexion, il peut y avoir pensée sans conscience réflexive. Selon Clarke (2003), les idées ne deviennent actuelles que quand on exploite notre capacité à les engendrer à partir de nos ressources intellectuelles. Bien que l'idée de Dieu soit innée, Descartes dit à Burman que cela ne semble pas probable que les enfants en aient une idée « actuelle[21] ». Ceux-ci ont des pensées même dans le ventre de leur mère mais ces pensées sont dominées par leurs besoins les plus basiques, comme la nutrition. Ils ne s'en rappellent jamais car les impressions de ces pensées ne restent pas dans la mémoire. En outre, notre pensée ne s'arrête pas dans notre sommeil[22]. De même, dans les réponses à Arnault, Descartes semble affirmer que le virtuel échappe à la conscience :

> Nous avons bien une actuelle connaissance des actes ou des opérations de notre esprit, mais non pas toujours de ses facultés, si ce n'est en puissance. (Descartes, 1897-1913, AT IX 180-190.)

Cette ambiguïté pousse ainsi certains commentateurs à suggérer qu'il y a bien une forme d'inconscient chez Descartes[23], qui permettrait de formuler une conception dispositionnelle de l'innéité.

---

20 McRae, 1972.
21 Descartes, 1897-1913, AT V 150.
22 Clarke, 2003.
23 Clarke, 2003.

Les petites perceptions leibniziennes

Dans un passage célèbre de la préface des *Nouveaux Essais*, Leibniz affirme l'existence de perceptions dont nous ne sommes pas conscients. La doctrine des perceptions inconscientes est calquée sur le modèle de la perception consciente : la disposition à penser à un triangle est fondée sur une perception inconsciente qui a pour contenu un triangle[24]. Mais comment faire pour établir l'existence de perceptions non conscientes s'il n'y a de réflexion possible que sur les perceptions conscientes ? La perception sans conscience se donne à voir par l'expérience indirecte (mémorielle), ses effets (le raisonnement causal, le principe de continuité) ou par une réflexion sur la composition de la perception consciente qui procède d'un raisonnement analogique. Plusieurs exemples bien connus (le moulin, le mugissement de la mer, le réveil et la corde) permettent à Leibniz d'attester « empiriquement » de l'existence de petites perceptions. Leibniz identifie explicitement la conscience à l'aperception, c'est-à-dire à la réflexion sur, l'attention à ce qui est en nous. La conscience transforme la perception en pensée. La pensée est définie comme la représentation accompagnée de conscience dans l'âme raisonnable[25]. En revanche, ce qui définit le mental est la perception et non la conscience qui comporte des degrés.

Les petites perceptions permettent alors de donner un statut à la potentialité et apparaissent comme un soutien capital à la conception de l'innéité[26]. Comme le dit Russell, la théorie des idées innées chez Leibniz repose sur une conception de l'inconscient :

> Voilà une explication de l'idée vague de dispositions psychiques, au moyen de la perception inconsciente. [...] Tout ce que nous savons est tiré de notre propre nature, c'est-à-dire est obtenu par la réflexion, est obtenu en rendant conscientes les perceptions qui auparavant étaient inconscientes. (Russell, 1908, p. 174-179.)

Les expériences inconscientes au sein du mental sont rendues possibles par l'existence des petites perceptions et les idées innées se réalisent dans

24 Jolley, 1993 ; Hamou, 2011.

25 Lettre à Arnault, 9 octobre 1687, Leibniz, 1875-1890, II 112 ; McRae, 1972.

26 Byron Kaldis, « Leibniz' Argument for Innate Ideas » in *Just the Arguments : 100 of the Most Important Arguments in Western Philosophy*, Bruce, M. et Barbone, S. (edit.), 2011, p. 283-289.

l'esprit par l'intermédiaire de ces petites perceptions. Le simple fait qu'il nous est impossible de penser distinctement à tout ce que nous savons réfute alors l'actualisme de Locke. Il existe pour Leibniz une continuité indéfinie entre la matière insensible et la pensée actuelle. En outre, l'actualisme de Locke est incompatible avec la définition métaphysique de l'âme. Si l'âme est une substance, alors elle doit être une notion complète, une notion telle que tout ce qui peut lui être attribué y est toujours déjà contenu. En revanche, si l'âme est une table rase, une cire molle, une faculté nue d'acquisition, elle n'est pas en entéléchie, ce qui est contraire à sa nature. Elle devient une fiction philosophique. L'âme ne saurait être primitivement vide mais est l'objet d'une dénomination intrinsèque.

Mais la théorie des petites perceptions implique aussi que mon esprit subisse en permanence des modifications persistantes et inconscientes[27]. En quoi donc les idées innées se distinguent-elles de ces dernières ? En réalité, Leibniz a des raisons métaphysiques de défendre l'innéité de toutes les perceptions. Dans le *Discours de métaphysique*, Leibniz argumente pour les idées innées à partir de sa doctrine de l'expression : les idées sont innées parce que l'âme exprime Dieu, l'univers et toutes les essences aussi bien que les existences[28]. La nature d'une substance individuelle fait qu'à chaque moment, elle perçoit l'univers entier selon son point de vue. À chaque moment, l'esprit est dans un état perceptuel infiniment complexe. Pour Leibniz, la virtualité potentielle n'est ni déjà actuelle, ni réelle, ni fictive, ni contrefactuelle mais combine des éléments de force et de pouvoir. Les idées sont innées en nous comme des inclinations, des dispositions, des tendances ou des virtualités naturelles et « ces virtualités sont toujours accompagnées par certaines actions, souvent insensibles, qui leur correspondent[29] ». Ainsi, la notion de disposition est-elle rendue légitime en ce qu'elle se trouve fondée sur des propriétés non dispositionnelles, structurelles, catégoriques et donc pleinement actuelles. Leibniz utilise alors une analogie entre l'esprit et le corps. De la même manière que les dispositions physiques sont fondées sur les microstructures des corps, les dispositions mentales reposent sur des microstructures de l'esprit qui sont des petites perceptions, en deçà du seuil de la conscience :

27 Broad, 1975, p. 134-135.
28 Leibniz, 1875-1890, IV 451.
29 Leibniz, *Nouveaux essais sur l'entendement humain*, préface.

> En un mot, les perceptions insensibles sont d'un aussi grand usage dans la pneumatique [la science de l'esprit] que les corpuscules insensibles le sont dans la physique. (Leibniz, 1990, p. 43.)

Leibniz se donne donc les moyens théoriques de penser de véritables dispositions. L'attribution d'une propriété dispositionnelle à un objet est rendue possible par la propriété non dispositionnelle qui la fonde et en vertu de laquelle elle est décrite, en l'occurrence une modification structurale typique[30]. Ainsi la métaphysique leibnizienne permet de penser l'innéité dispositionnelle des perceptions et idées.

FACULTÉS ET DISPOSITIONS

La théorie des idées innées nécessite le recours aux notions de faculté et de disposition, dont Malebranche et Locke dénoncent le caractère vide. Leibniz pour sa part s'efforce de leur donner un véritable contenu : la disposition devient une modalité à part entière.

LA CRITIQUE DE MALEBRANCHE

Le parallèle entre la pensée et l'étendue

Malebranche, avant Locke, dénonce dans le Xe éclaircissement de la *Recherche de la vérité* l'incohérence de la position cartésienne qui revient selon lui à accepter en psychologie les mêmes qualités occultes que Descartes a pourtant lui-même bannies à juste titre en physique :

> Je m'étonne que Messieurs les cartésiens qui ont avec raison tant d'aversion pour les termes généraux de nature et de faculté, s'en servent si volontiers en cette occasion. Ils trouvent mauvais que l'on dise que le feu brûle par sa nature, et qu'il change certains corps en verre par une faculté naturelle : et quelques uns d'entre eux ne craignent point de dire que l'esprit de l'homme

30 On peut remarquer néanmoins que ce qui est impliqué par une modification structurale persistante pour un esprit immatériel n'est pas entièrement clair chez Leibniz car cela ne peut pas être pensé comme une modification de l'arrangement spatial ou de mouvement de particules. Voir Broad, 1975.

> produit en lui-même les idées de toutes choses par sa nature, et parce qu'il a la faculté de penser. (Malebranche, 1991, Tome 2, p. 444-445.)

Malebranche fait un parallèle avec l'étendue : de même qu'il n'y a pas de facultés dans la matière, il n'y en a pas non plus dans l'esprit. Dans l'une comme dans l'autre on ne trouve qu'inertie et passivité. Selon une thèse fondamentale du mécanisme cartésien, les dispositions irréductibles n'existent pas car la matière est essentiellement inerte. Le corps cartésien est pure extension, spatialité[31]. Un corps est capable de posséder seulement des propriétés qui sont des modifications de l'extension : forme, taille, divisibilité, mouvement ou repos. Les corps n'ont d'autres propriétés que « la faculté passive de recevoir diverses figures et divers mouvements[32] ». Plus précisément, l'essence de l'étendue réside toute entière dans la capacité de recevoir deux sortes de figures : extérieures et superficielles comme la rondeur et intérieures (que Malebranche nomme configurations) car la matière est par exemple du bois ou de la cire. Parce que le pouvoir causal actif ne peut être expliqué en termes de forme, de taille, ou de divisibilité, il s'ensuit qu'il ne peut être une propriété des corps étendus. Malebranche applique alors ce même raisonnement à l'esprit :

> Mais de même qu'il est faux que la matière quoique capable de figure et de mouvement, ait en elle-même une force, une faculté, une nature, par laquelle elle se puisse pouvoir, ou se donner tantôt une figure ronde, et tantôt une carrée ; quoique l'âme soit naturellement et essentiellement capable de connaissance et de volonté, il est faux qu'elle ait des facultés par lesquelles elle puisse produire en elle ses idées, ou son mouvement vers le bien. (Malebranche, 1991, Tome 2, p. 444-445.)

Il est donc inconcevable qu'un corps ou un esprit fini ait une force, un pouvoir, une efficacité à produire quelque chose en lui-même. L'essence de l'esprit réside ainsi toute entière dans la capacité passive de recevoir diverses idées. Plus précisément, à l'instar de la matière, l'entendement n'est capable que de recevoir deux sortes d'idées, des perceptions pures d'objets hors de nous qui sont superficielles et des perceptions sensibles qui modifient la qualité intime de l'âme (que Malebranche nomme « modifications »)[33]. Cette inefficacité causale est révélée par notre

---

31 Descartes, *Principes de la philosophie*, II 4.

32 Malebranche, 1958-1967, OC XII 150.

33 Gueroult, 1987.

conscience interne. Quelle que soit la connaissance que j'ai de mon âme, elle n'implique pour Malebranche la perception d'aucun pouvoir, que ce soit le pouvoir de bouger mon corps ou celui de produire mes propres idées. Dans l'action volontaire, tout ce que je perçois à travers l'introspection ou le sentiment intérieur est une volition actuelle de lever mon bras et je remarque dans mon corps que mon bras se lève à la suite de cela. Néanmoins, je ne perçois ni par conscience interne ni par raison, aucun pouvoir de l'âme au moyen duquel elle pourrait effectuer ce mouvement[34]. Ainsi, attribuer à l'esprit des facultés diverses et multiples pour rendre compte des faits qui se révèlent à nous par le témoignage de la conscience, constituerait une erreur non moins grossière et non moins dangereuse que de recourir à des forces occultes pour rendre compte des phénomènes physiques. Dire que notre âme est capable d'arriver à connaître toutes choses, parce qu'elle a reçu de Dieu la faculté de penser, c'est tomber dans le verbalisme des péripatéticiens[35]. C'est alors faire revivre pour leur propre usage les abstractions que les cartésiens rejettent si fort chez les scolastiques.

L'inconcevabilité des pouvoirs créés

De façon générale, tout pouvoir créé est inintelligible pour Malebranche :

> Il y a bien des raisons qui m'empêchent d'attribuer aux causes secondes ou naturelles une force, une puissance, une efficace pour produire quoi que ce soit. Mais la principale est que cette opinion ne me paraît pas même concevable. Quelque effort que je fasse pour la comprendre, je ne puis trouver en moi l'idée qui me représente ce que peut être que la force ou la puissance qu'on attribue aux créatures. (Malebranche, 1958-1967, OC III 203-205.)

Il y a donc une incompatibilité générale entre l'idée d'un être créé fini et une faculté productive ou pouvoir. Les créatures finies sont essentiellement impotentes : « Nulle créature, en un mot, ne peut agir sur aucune autre par une efficace qui lui soit propre[36] ». En réalité, les facultés et pouvoirs causaux sont l'apanage de Dieu. C'est seulement dans la volonté d'un être infini que je reconnais clairement et distinctement

---

34 Malebranche, 1958-1967, OC III 227-228.

35 Gueroult, 1987.

36 Malebranche, *Entretiens sur la métaphysique*, 1922, p. 89.

un quelconque élément de pouvoir causal. La causalité ne peut venir que de Dieu car cela seul est cause qui peut agir en vertu d'une force qui lui est propre et dont la source ne se trouve point hors de lui. Être cause c'est créer. Attribuer à la matière ou à l'esprit des pouvoirs causaux revient par conséquent à les diviniser et relève du paganisme[37]. Et toute théorie qui attribue un rôle efficace dans la production des idées à autre chose qu'à Dieu doit ainsi être rejetée.

C'est la raison pour laquelle Malebranche rejette l'innéisme aussi bien que l'empirisme. L'esprit créé n'a pas de ressources natives pour trouver la connaissance, encore moins des semences de vérités en lui. La seule chose que l'esprit trouve en lui-même est l'obscurité des sensations. L'esprit parvient à la connaissance non en exerçant de lui-même ses propres capacités mais entièrement en vertu de l'action de Dieu qui l'illumine au moyen des idées efficaces.

Répondant à ses adversaires, Malebranche déclare néanmoins qu'il est prêt à maintenir aux créatures le titre de causes, à la condition d'en restreindre le sens, et de ne s'en servir que pour désigner des agents simplement occasionnels. L'esprit humain, comme toutes les autres créatures, n'a qu'une activité d'emprunt, et par là même il ne saurait être cause au sens fort. Voici ce qu'il dit à son propos :

> La raison créée, notre âme, l'esprit humain, les intelligences les plus pures et les plus sublimes peuvent bien voir la lumière : mais ils ne peuvent la produire, ou la tirer de leur propre fonds ; ils ne peuvent l'engendrer de leur substance. Ils peuvent découvrir les vérités éternelles, immuables, nécessaires dans le Verbe divin, dans la Sagesse éternelle, immuable, nécessaire : mais ils ne peuvent trouver en eux que des sentiments souvent fort vifs, mais toujours obscurs et confus, que des modalités pleines de ténèbres. (Malebranche, 1922, p. 57-58.)

En somme, l'esprit possède une faculté de pur intellect seulement au sens minimal d'une capacité passive à être affecté par la lumière des idées divines.

37 Gaonach, 1908.

LA CRITIQUE DE LOCKE

Le dilemme des innéistes

Au début de *l'Essai sur l'entendement humain* (I II), Locke affirme que les partisans des idées innées se trouvent face à un dilemme :

- soit les idées innées sont présentes à la naissance et universellement partagées et cela est faux : de fait, les enfants, par exemple, ignorent les principes censés être innés ;
- soit les idées innées sont seulement dispositionnelles, accessibles avec l'usage de la raison, et on ne peut les distinguer des idées non innées.

Selon Locke, l'innéisme est soit empiriquement faux, soit il ne dit rien d'intéressant. Locke commence par attaquer l'argument de l'assentiment général qu'il pense trouver chez les partisans de la théorie des idées innées. Selon certains commentateurs, Locke ne s'en prend pas directement à Descartes mais plutôt à une version platonisante, cicéronienne ou stoïcienne de l'innéité considérée comme consentement universel que l'on trouve par exemple chez Cherbury (McRae, 1972). Cherbury se trouve être d'ailleurs le seul philosophe mentionné explicitement par Locke[38]. Et Descartes (comme Leibniz) a dissocié explicitement sa position de celle de Cherbury[39]. Descartes souligne en particulier la différence entre le consentement universel, jamais véritable en fait et la lumière universelle en droit.

Néanmoins, si Descartes n'est certes pas le seul adversaire de Locke, il apparaît indéniable qu'une (mé)compréhension possible et, de fait, répandue de sa position – partagée par la plupart des objecteurs contemporains de Descartes – est visée par Locke. En outre, la critique lockéenne, loin de s'en tenir à la critique de l'argument de l'assentiment général, s'en prend à la notion même d'idée innée.

L'argument innéiste de l'assentiment général conclut à l'innéité des principes dont l'évidence ou la certitude sont universellement et nécessairement partagées ou reconnues. Or, Locke remarque que l'assentiment

38 Locke, *Essai sur l'entendement humain*, I III 15.

39 Descartes, 1897-1913, AT II 597.

général des principes supposés innés n'est pas empiriquement vérifié[40]. Par exemple, le principe de contradiction – la proposition « il est impossible pour la même chose d'être et de ne pas être » – reste ignoré d'une grande partie de l'humanité, notamment par les fous, les enfants, les idiots et les malades. Mais même si l'on considère l'admission universelle de certains idées et principes comme étant dépendante de certaines conditions (comme la santé mentale, la maturité ou l'intelligence), l'argument de l'assentiment général ne prouve pas non plus l'innéité, puisque, selon Locke, « il suffirait de montrer qu'il y a d'autres voies pour parvenir à l'admission universelle des points sur lesquels tout le monde est d'accord[41] ». En l'occurrence, si on spécifie les conditions de l'assentiment et que l'on dit que l'assentiment aux principes innés est donné indéniablement « lorsqu'on parvient à l'âge de raison[42] », ceci peut être interprété de deux manières. La première est fausse, la seconde ne dit pas autre chose que ce que dit l'empirisme. Selon la première interprétation, « dès que l'on parvient à l'exercice de raison, ces prétendues impressions congénitales accèdent à la connaissance et à l'observation ». Or, Locke remarque d'une part que cette clause n'est pas empiriquement vérifiée. Les illettrés et les « sauvages », même après l'exercice de la raison, ne connaissent toujours pas le principe de contradiction. D'autre part, quand bien même cette clause serait empiriquement vérifiée, l'accès à l'âge de la raison n'impliquerait toujours pas l'innéité. Locke souligne, en effet, que la constitution des idées abstraites et la compréhension des noms généraux sont contemporaines de la faculté rationnelle et augmentent avec la raison. Il est donc évident que la vérité d'une proposition apparaisse dès que l'on possède les idées claires et distinctes dont ces noms tiennent lieu. Cela ne prouve en rien son innéité. Selon la seconde interprétation, « grâce à l'exercice de la raison, nous sommes capables d'accéder à une connaissance certaine de ces vérités et à un assentiment certain[43] ». Ce ne serait pas l'atteinte naturelle d'une certaine étape du développement de l'esprit qui impliquerait automatiquement l'assentiment aux principes innés, ce serait, cette fois, l'exercice éclairé de la raison. Mais quel genre d'exercice de la raison nous permet-il de

40 Locke, *Essai sur l'entendement humain*, I II 4.
41 Locke, *Ibid*, I II 3.
42 Locke, *Ibid*, I II 6.
43 Locke, *Ibid*, I II 8.

connaître les principes innés ? En quoi se distingue-t-il des autres types d'exercice ?

L'on voit ici clairement que Locke ne se contente pas de critiquer la conception des idées « présentes mais submergées ». Sa critique porte aussi sur la conception dispositionnelle de l'innéité, contrairement à ce que pensent certains commentateurs[44]. La théorie des idées innées comprise en ce sens revient à dire que, si les conditions sont obtenues – par exemple si la personne en vient à avoir l'âge approprié ou bien si la personne accède à la réflexion[45] –, alors celle-ci accède à une certaine connaissance. Mais il n'y a aucun moyen de savoir si cette connaissance n'est pas due davantage au développement de l'activité rationnelle en général. Comme nous n'avons aucun moyen d'attribuer des principes innés avant qu'ils ne soient formulés, ce type de raisonnement est circulaire : il faut déjà être doué de raison pour accéder à un seuil de rationalité qui permettrait de reconnaître les principes d'identité et de contradiction[46]. Locke souligne alors l'absurdité de la position innéiste :

> [M]ais comment de façon sensée, imaginer que la Nature puisse avoir imprimé en nous en guise de fondement et de guide de la raison quelque chose qui ait besoin de l'exercice de la raison pour être mis au jour ? (Locke, *Essai sur l'entendement humain*, I II 10, 2001, p. 72.)

L'argument de la parcimonie

On ne pourra donc certainement jamais estimer inné ce dont la découverte nécessite la raison, à moins qu'on ne tienne pour innées toutes les vérités certaines que la raison nous enseigne. Dans ces conditions en effet, on ne pourrait plus faire de différence entre les axiomes des mathématiciens et leurs théorèmes, les deux seraient innés[47]. Or, il semble bien que cela soit une conséquence de la théorie cartésienne. Il s'agit en outre d'une thèse défendue explicitement par Leibniz qui affirme l'innéité de tout ce qui peut être prouvé par un raisonnement démonstratif[48]. Si le critère de l'innéité est que l'esprit peut formuler des croyances, alors toute croyance atteinte par lui pourrait être qualifiée d'innée.

44 Bennett, 2001 ; Chomsky et Katz, 1975 et Carruthers, 1992.
45 Locke, *Essai sur l'entendement humain*, I II 6.
46 Locke, *Ibid*, I II 11.
47 Locke, *Ibid*, I II 18.
48 Leibniz, *Nouveaux essais sur l'entendement humain*, 85.

C'est pourquoi, la conception empiriste de l'architecture naturelle de l'esprit l'emporte sur la conception innéiste car elle est plus économique. Il est plus économique en effet d'octroyer à l'esprit de simples capacités naturelles à acquérir les idées plutôt que des idées innées. À l'inverse, il est théoriquement couteux de poser des idées innées dans la mesure où nous n'avons aucun critère pour les reconnaître, ce qui implique de considérer toutes les idées comme étant innées. La nécessité d'une vision parcimonieuse se justifie dans le système lockéen de manière pragmatique et fait écho à l'économie naturelle générale : pourquoi Dieu aurait-il pourvu l'homme de la capacité naturelle de voir et du pouvoir de recevoir les idées de couleur par les yeux à partir des objets extérieurs, si ces dernières étaient innées ? Ainsi que l'affirme Locke :

> Je suis certain de montrer qu'un homme peut, grâce au bon usage de ses capacités naturelles et sans aucun principe inné, atteindre la connaissance de Dieu et des autres choses qui le concernent. Dieu a revêtu l'homme des facultés de connaître qu'il possède ; il n'était donc pas obligé dans sa bonté d'implanter ces notions innées dans l'esprit, pas plus qu'après lui avoir donné la raison, des mains et des matériaux, il n'était obligé de lui construire des ponts et des maisons. (Locke, *Essai sur l'entendement humain*, I IV 12, 2001, p. 129-130.)

L'hypothèse des idées innées se contredit donc elle-même en niant la générosité de la Nature qu'elle veut pourtant affirmer[49]. Si la Nature prenait soin de nous munir d'idées, celles-ci ne correspondraient pas aux idées que nos propres facultés peuvent nous donner[50]. Or, l'ensemble de notre connaissance dépend du seul emploi approprié des pouvoirs que la Nature nous a donnés. Locke défend un naturalisme théiste selon lequel Dieu aurait proportionné nos facultés naturelles à nos besoins de connaissance et de survie. Dans l'économie de la Nature, nous n'avons pas besoin d'idées innées car tout ce que l'on possède mentalement peut être expliqué en montrant soit qu'il est donné par les sens soit qu'il est construit à partir des concepts donnés par les sens[51]. Ainsi, au mieux les idées innées sont non nécessaires, au pire elles sont mystérieuses voire arbitraires.

Selon Locke, l'innéisme est une thèse qui ouvre dangereusement la porte à l'arbitraire. L'immédiateté procurée par l'innéité des idées innées

49 Locke, *Essai sur l'entendement humain*, I II 10.
50 Locke, *Ibid*, I IV 18.
51 Bennett, 2001, p. 55.

revient à exclure l'intervention de l'entendement. Si la seule certitude peut être fournie par le travail de l'entendement, l'inscription native de la connaissance revient à nier le mérite qu'a l'homme d'accéder à la connaissance par ses propres moyens et facultés[52]. Selon l'empirisme, parce qu'on ne peut juger immédiat quelque chose qu'à travers la médiation de l'examen, l'innéisme ne peut qu'être injustifié[53]. Poser des idées innées présentes dans l'esprit de façon immédiate sans élaboration de l'entendement relève du dogmatisme. Il est donc plus prudent de parler de capacités naturelles plutôt que d'idées innées.

Finalement, on peut considérer, selon Locke, que les innéistes disent la même chose que ceux qui nient l'existence des principes innés puisque la seule innéité tenable est celle qui se cantonne à la capacité de trouver la vérité. Si la version dispositionnelle est la seule conception raisonnable de l'innéisme des idées, ce dernier apparaît compatible avec l'empirisme au point de ne plus pouvoir s'en différencier réellement. L'innéité des idées n'est donc jamais assurée. Car pour toute idée, il est au moins logiquement possible que l'on ait cette même idée de manière innée[54]. On peut toujours voir un processus d'actualisation d'une disposition innée, là où il y a seulement une stabilité des conditions et de l'acquisition. En somme, pour Locke, le débat autour des idées innées se ramène à une querelle de mots :

> Et cette grande théorie [la théorie des idées innées] se résumera à une façon très incorrecte de parler : même si elle prétend affirmer le contraire, elle ne dit rien de différent de ce que disent ceux qui rejettent les principes innés. Car personne, à mon sens, n'a jamais nié que l'esprit soit capable de connaître diverses vérités. La capacité, disent-ils est innée et la connaissance acquise. Mais alors pourquoi une telle bataille autour de certaines maximes innées ? (Locke, *Essai sur l'entendement humain*, I II 5, 2001, p. 68-69.)

52 Locke ne rejette pas pour autant l'existence de principes évidents. Mais cette évidence ne peut reposer comme chez Descartes sur un universel objectif toujours déjà là sans être arbitraire. Elle est chaque fois établie : l'acte d'intuition constamment renouvelé est seul garant de la vérité (Vienne, 1991, p. 89). On pourrait toutefois objecter à cette analyse que le cogito cartésien est lui aussi une intuition chaque fois renouvelée.

53 Vienne, 1991, p. 46.

54 Mackie, 1976.

LES DISPOSITIONS CHEZ LEIBNIZ

À l'instar de celle de Descartes, la conception de l'innéité chez Leibniz reste ambiguë. Cette équivocité transparaît, par exemple, à travers la métaphore du marbre : les vérités innées sont telles les veines d'un bloc de marbre que l'intervention du sculpteur permet d'exploiter[55]. Mais faut-il alors les considérer comme préexistantes, prédéfinies, c'est-à-dire comme « présentes mais submergées » ou, en termes leibniziens, « obscurcies » par les perceptions confuses des sens qui détournent notre attention d'elles[56] ? Il semble pourtant également possible d'interpréter autrement cette métaphore, en comprenant l'innéité en un sens dispositionnel, comme nous invitent à le faire les nombreuses références leibniziennes aux « dispositions », « aptitudes », « tendances », « habitudes » innées de l'esprit[57] et la volonté leibnizienne de donner un statut ontologique à la disposition.

Des dispositions dans les facultés

Leibniz comme Malebranche condamne les explications en termes de « facultés » comme étant circulaires. Dans la préface des *Nouveaux essais*, il ridiculise ceux qui disent que les horloges donnent l'heure en vertu d'une faculté horologique. Il va jusqu'à accuser Newton de réintroduire des qualités occultes en physique[58]. Parler d'attraction, d'association revient en effet à prêter aux corps physiques des propriétés inintelligibles. Dans la même veine, la table rase de Locke revient selon Leibniz à poser des « facultés nues », vides, ironiquement « pures[59] ». Le rejet des idées innées ôte toute substance aux mécanismes d'apprentissage et aux capacités qui constituent pourtant, dans la pensée de Locke, toute l'architecture naturelle de l'esprit. Les facultés de l'esprit dénuées de toutes idées innées ne peuvent être que des fictions. D'une part, cette conception contredit la définition métaphysique de l'âme comme entéléchie : aux « facultés nues » des empiristes, il manque une tendance dynamique

55 Leibniz, *Nouveaux essais sur l'entendement humain*, 52.

56 Leibniz, *Ibid*, I III 20 ; voir Giorgio Tonelli, « Leibniz on Innate Ideas and the Early Reactions to the Publication of the *Nouveaux Essais* (1765) », *Journal of the History of Philosophy*, 12 (4), 1974, p. 442.

57 Leibniz, *Nouveaux essais sur l'entendement humain*, I I 5 ; I I 11 ; I I 21 ; I I 26.

58 Jolley, 1998.

59 Leibniz, *Nouveaux essais sur l'entendement humain*, II 1.

inhérente à l'âme. D'autre part, on voit mal comment la connaissance pourrait se constituer par la seule association ou connexion entre les idées, c'est-à-dire sans restriction substantielle sur les idées qui peuvent être les composants des idées complexes, ni aucune restriction formelle sur la structure des associations qui lient ces composants entre eux.

L'empirisme présuppose l'existence de capacités ou de principes d'association qui consistent à séparer, abstraire, composer les idées, établir des relations entre elles. Mais comment ces principes fonctionnent-ils ? Comment, s'ils sont généraux, peuvent-ils être adaptés à des domaines spécifiques ? Comment parviennent-ils réellement à former une idée abstraite à partir du divers empirique ? Peut-on affirmer avec certitude que le fonctionnement de la faculté lockéenne d'abstraction représente une meilleure explication de l'acquisition de la connaissance que la théorie des idées innées ? Pour Leibniz, il y a une distinction importante entre les vérités de raison, nécessaires et fondées sur des idées que les sens ne peuvent fournir, et les vérités de fait. Les vérités nécessaires se découvrent sans le secours des sens, même si elles se déploient dans l'esprit à l'occasion des sens[60].

L'empirisme se trouverait alors face à un dilemme. Soit il donne à voir la manière dont les idées sont tirées de l'expérience et, ce faisant, il échoue à expliquer toute idée universelle et objective. Soit, il ne le fait pas et, en refusant toute référence à des propriétés innées, il reste incapable de fournir une explication de la façon dont nous arrivons à connaître les propositions nécessairement vraies. Au mieux, l'empirisme est arbitraire. Au pire, il est incapable d'expliquer la formation de la connaissance universelle et objective. Contrairement à ce qu'affirme Locke, ce ne sont donc pas les idées innées qui sont obscures, mais c'est la manière dont les principes empiristes peuvent s'en passer. Ils ne sauraient s'en passer sans attribuer à leur tour, à l'environnement, cette fois, des propriétés encore plus mystérieuses.

Locke aurait, de fait, mal compris la notion de « disposition », qu'il ne faut pas confondre avec celle de « faculté » :

> Et avoir une chose sans s'en servir, est-ce la même chose que d'avoir seulement la faculté de l'acquérir ? Si cela était, nous ne possèderions jamais que des

---

60 Leibniz, *Nouveaux essais sur l'entendement humain*, III, III ; Leibniz, *Discours de métaphysique*, V. Selon Charrak (2009), c'est la nécessité des vérités saisies par la réflexion qui justifie pour Leibniz le rétablissement de l'innéisme.

> choses dont nous jouissons : au lieu qu'on sait qu'outre la faculté et l'objet, il faut souvent quelque disposition dans la faculté ou dans l'objet ou dans tous les deux, pour que la faculté s'exerce sur l'objet (Leibniz, *Nouveaux essais sur l'entendement humain*, I I 5, 1990, p. 62-63).

La notion de « faculté » n'est acceptable que si elle contient en elle « quelque disposition ». L'esprit possède en réalité un fond propre composé d'un ensemble de virtualités, conçues comme des états intermédiaires entre la puissance nue de la matière et l'acte pur de Dieu. Ces états intermédiaires relèvent d'une nouvelle modalité que Leibniz appelle le « possible réel ». Les essences ne sont pas de simples possibles logiques, mais ce sont des possibles réels, caractérisés par une tendance à exister[61]. Si toute activité est exclue de la part des possibles logiques, il existe une autre sorte de possibilité où le possible se définit comme une tendance à se produire dans l'existence[62]. Les puissances véritables ne se réduisent donc pas à de pures possibilités[63].

Les idées innées relèvent d'une modalité épistémique spécifique : elles sont des possibilités épistémiques[64]. Naturellement, elles doivent être possibles, au sens des modalités logiques et ontologiques, mais cela ne suffit pas, car il doit y avoir un moyen pour elles de devenir des concepts distincts et des vérités nécessaires dans l'aperception. Leibniz élargit donc le champ des modalités, en introduisant une disposition qui se combine, par définition, à un élément dynamique (qu'il s'agisse de pouvoir, de force ou d'activité). Il introduit ainsi une nouvelle sorte de possibilité entre logique et dynamique. Sur ce point, sa théorie doit être rattachée à sa conception plus générale de la puissance ; le monde entier apparaît chez lui comme un ensemble de puissances qui vont vers l'actualité et qui possèdent cette exigence d'être.

En envisageant une possibilité tendue vers l'action, possibilité que Locke ne prend pas en compte dans sa critique, Leibniz entend penser la virtualité d'une manière ni fausse, ni triviale. Leibniz a donc bien les moyens de fonder les dispositions dans les propriétés actuelles des

61 C'est ce qui permet à Leibniz de critiquer l'idée cartésienne du parfait, comme n'étant qu'un possible qui n'existe pas encore réellement (Leibniz, *Monadologie*, X 43).

62 Leibniz, *Nouveaux essais sur l'entendement humain*, II I 23, *conatus ad existentiam*.

63 Leibniz, *Ibid*, II I 30.

64 Hans Poser, « Leibniz et la potentialité des idées innées : un problème modal », in *Leibniz selon les Nouveaux essais sur l'entendement humain*, Duschesneau, F. et Griard, J. (édit.), Paris, Vrin, 2006.

substances individuelles. Lorsque l'on dit que la fragilité est une disposition, on ne veut pas seulement dire que l'objet fragile est capable de se casser. On veut dire que l'objet fragile a une tendance spécifique à se briser, il y est prédisposé de manière sensible. Quelque chose dans la structure du verre fait qu'il possède cette disposition. De la même manière, lorsque l'on parle d'idées innées, on ne veut pas seulement dire que l'esprit est capable d'atteindre ces idées. On veut dire précisément que l'esprit a une tendance spécifique à posséder ces idées en particulier, qu'il y est prédisposé de manière sensible.

La métaphore leibnizienne du marbre exprime bien l'idée qu'il existe des « plis » de l'âme[65], une propension interne à se déployer d'une certaine manière. Elle tente de figurer des états non conscients, des contenus propositionnels latents, implicites, qui sont intermédiaires entre la puissance d'avoir une idée et l'idée actualisée. L'esprit possède le pouvoir de discerner la veine dans le marbre qu'est l'idée. L'innéité des idées ne doit donc pas être conçue comme une potentialité brute d'acquisition par le biais des facultés originelles de l'esprit, mais comme la possibilité que l'esprit possède de les tirer de son propre fond.

L'idée comme disposition

Ce qui est crucial dans le système leibnizien est que la pensée, l'idée, l'inconscient sont eux-mêmes des termes dispositionnels[66]. Leibniz est un nominaliste qui rejette la doctrine de Malebranche qui fait des idées des objets abstraits irréductibles. L'idée est une entité psychologique, elle est « quelque chose qui est dans l'esprit[67] ». Pour Leibniz, l'idée de la chose est en nous. Nous pensons immédiatement par nos propres idées et non par celle de Dieu. Mais en définissant l'idée comme « une qualité de notre âme », Leibniz refuse le psychologisme qui la réduirait à la « forme ou différence de nos pensées » car « de cette manière nous n'avons l'idée dans l'esprit qu'en tant que nous y pensons, et toutes les fois que nous y pensons de nouveau, nous avons d'autres idées de la même chose quoique semblables aux précédentes ». L'idée n'est pas une cognition, une affection, une perception, ni un acte de cognition mais une faculté. Ainsi,

65 Deleuze, *Le pli. Leibniz et le baroque*, Paris, Éditions de Minuit, 1988.
66 Kaldis, 2011.
67 Leibniz, *Discours de métaphysique*, XXVI, 1875-1890, G IV 451.

> Nous disons que nous avons l'idée d'une chose même si nous n'y pensons pas, pourvu qu'à une occasion donnée nous y puissions penser. (Leibniz, *Qui sit idea* ?, 1875-1890, G VII, 263.)

Les idées sont différentes des pensées car elles sont indépendantes des sensations. Elles sont dans l'esprit même si elles ne sont pas actuelles[68]. En réalité, elles sont des dispositions à penser d'une certaine façon. Il y a donc une distinction modale fondamentale entre l'actualité de la pensée sous la forme des notions et concepts et la potentialité de l'idée. Toutes les idées « sont en nous avant qu'on s'en aperçoive en tant qu'elles ont quelque chose de distinct[69] ».

Dans le *Discours de métaphysique*, le statut véritable des idées comme dispositions fournit ainsi un argument rapide pour l'innéité de toutes les idées. Notre âme a toujours en elle la disposition de se représenter toute nature ou forme, quelle qu'elle soit, quand l'occasion pour la penser se présente[70]. Les idées sont en notre esprit, pour les choses qui ne sont pas actuellement pensées par nous, comme la figure d'Hercule dans le marbre brut[71]. Toutes les idées sont dues à la spontanéité de l'âme. Les idées sont des dispositions à penser d'une certaine manière. Dans « Qu'est-ce qu'une idée ? » en 1677, Leibniz définit l'idée comme la faculté d'avoir telle ou telle pensée :

> L'idée postule donc une certaine faculté proche ou facilité de penser à une chose.

Ainsi, l'idée n'est donc pas la faculté de penser à tout, même à ce dont nous n'avons pas l'idée. La possession de l'idée n'est pas une simple méthode pour l'acquérir. Il est nécessaire qu'il y ait quelque chose en moi qui, non seulement mène à la chose, mais encore l'exprime. Ainsi, l'idée est une certaine disposition à penser quelque chose qui porte en elle-même un certain caractère de cette chose. Si les idées en général sont des dispositions à penser d'une certaine façon, les idées innées sont des dispositions innées à penser d'une certaine façon.

---

68 Leibniz, *Nouveaux essais sur l'entendement humain*, II 1 23.

69 Leibniz, *Ibid*, II 1 2.

70 Jolley, 1998.

71 Leibniz, *Meditationes* de 1684 « sur la connaissance, la vérité et les idées », 1875-1890, G IV 426.

DEUXIÈME PARTIE

LES IDÉES INNÉES AUJOURD'HUI

Cette partie présente la notion contemporaine d'idée innée sous ses différentes formes (facultés, concepts, théories naïves et modules) ainsi que certains points de la controverse contemporaine. Malgré la naturalisation du débat et le progrès des sciences, la controverse contemporaine se nourrit encore de l'ambiguïté de la notion d'idée innée.

LES THÉORIES CONTEMPORAINES DES IDÉES INNÉES

En dépit du nombre d'idées innovantes introduites dans la conception leibnizienne, c'est l'approche empiriste héritée de Locke qui dominera la philosophie et la psychologie naissante jusqu'au milieu du XXe siècle[1]. La lutte anti-innéiste se poursuit en effet de façon virulente au XVIIIe siècle sous la forme du sensualisme[2]. La théorie des idées innées est alors tenue pour l'une des principales erreurs de Descartes[3]. Le discours préliminaire de *l'Encyclopédie* affirme ainsi l'origine sensible de toutes nos connaissances. Au XIXe siècle, la revendication d'une psychologie scientifique se fait en partie contre l'innéisme des idées, l'empirisme étant considéré comme la seule méthode proprement scientifique[4]. Celle-ci prend au XXe siècle la forme du béhaviorisme de Watson et Skinner. C'est dans ce contexte que s'inscrivent les premiers travaux du linguiste et philosophe Noam Chomsky à la fin des années 1950 qui proposent un retour à l'innéisme en postulant l'existence d'une faculté innée de langage. Mais en quel sens peut-on encore parler d'« idées innées » aujourd'hui ?

1 Samet, 2008.
2 En particulier chez Voltaire, Helvetius, d'Holbach. Voir Schøsler, 1997.
3 Rodis-Lewis, 1985.
4 La psychologie intuitionniste de Cousin, Whewell ou Hamilton (apparue au début du XIXe siècle et qui trouve un certain nombre de partisans au cours du siècle comme Fichte, de Biran, Stewart) subira de multiples attaques, et ce dès l'apparition autour de 1820 de la psychologie matérialiste et associationniste dont l'influence va augmenter au cours du siècle au nom d'un empirisme expérimental et scientifique (Priestley, Erasmus Darwin, Shelley, Brown, Bain, Mill père et fils).

LE LANGAGE INNÉ SELON CHOMSKY

À partir de 1957, Chomsky, en affirmant que l'homme possède une faculté innée de langage (constituée d'une grammaire universelle innée) réhabilite l'innéisme face au béhaviorisme dominant la première moitié du XXe siècle.

EXPLIQUER L'ACQUISITION DU LANGAGE

Contre le béhaviorisme

L'innéisme chomskyen naît en réaction au béhaviorisme de Skinner – qui domine la psychologie expérimentale et la linguistique américaines dans les années 1950. Dans son ouvrage écrit en 1957, *Verbal Behavior*, Skinner propose d'expliquer l'apprentissage du langage par des procédures très générales, qui reposent sur l'association entre des stimuli extérieurs et des réponses de l'organisme, à la manière du conditionnement classique pavlovien. Un animal affamé placé dans une « cage de Skinner » équipée d'un levier et d'un distributeur de nourriture, appuie sur le levier d'abord par hasard ; ce comportement est alors renforcé par l'apparition de nourriture et tend à se reproduire. Ainsi, selon le béhaviorisme, un comportement a plus ou moins de chances de se produire selon les conséquences qui lui sont associées. La loi de l'effet, à la base des travaux de Skinner, stipule qu'un comportement se développe ou se maintient s'il est suivi d'une conséquence agréable, bénéfique pour l'individu.

Skinner extrapole les données issues de l'observation d'animaux à tous les aspects du comportement humain, et en particulier au comportement verbal. Selon lui, l'enfant apprend le langage comme le rat apprend à appuyer sur un levier pour obtenir de la nourriture. Le rat réitère l'action d'activer le levier parce que cette action lui procure une récompense. De la même manière, l'enfant privilégiera les associations stimuli-réponses (l'emploi d'une phrase dans une situation particulière) qui s'avèrent efficaces, c'est-à-dire récompensées.

Ce mécanisme associatif qu'est le renforcement forge chez l'enfant un ensemble de propensions à agir d'une manière précise dans des circonstances déterminées. Skinner entend ainsi éliminer toute référence à des termes mentaux internes dans les explications du comportement, qu'il juge par définition inaccessibles à l'observation et donc hermétiques à l'approche scientifique. Si l'on suppose que seul ce qui est observable peut être objet de science, on doit en effet exclure les états mentaux internes. La psychologie scientifique prend pour objet le seul comportement observable qu'elle cherche à décrire sans référence à des processus psychologiques internes.

Mais selon Chomsky (1959), l'analyse de Skinner revient à négliger entièrement la complexité de l'apprentissage, et en particulier celle du langage. De façon générale, selon Chomsky, les termes employés par Skinner, comme ceux de stimulus et de réponse sont mal délimités et se révèlent inadéquats. Il paraît peu probable de faire correspondre de façon systématique un stimulus unique à une réponse comportementale déterminée car, d'une part, un même stimulus peut donner lieu à un ensemble disjonctif de réponses comportementales et, d'autre part, des stimuli différents peuvent susciter le même comportement observable. Faut-il en outre considérer que le stimulus dénote tous les événements physiques auxquels l'organisme est capable de réagir ou bien seulement ceux auxquels il réagit *de facto* ? Doit-on considérer n'importe quel aspect du comportement comme une réponse ou bien seulement les aspects qui sont connectés à des stimuli de façon nomologique ?

Pour Chomsky, les termes de la psychologie béhavioriste n'ont aucune force explicative si on les dissocie d'une psychologie mentaliste, c'est-à-dire d'une psychologie qui fait intervenir des états mentaux internes. Pour comprendre un comportement aussi complexe que le comportement humain, il est nécessaire d'admettre la présence dans l'esprit-cerveau d'entités inobservables qui en sont fondamentalement responsables. En ce qui concerne le langage, Chomsky s'appuie sur des faits simples mais révélateurs. Tout locuteur d'une langue est capable de comprendre et de produire des phrases nouvelles, qu'il n'a jamais ni entendues ni prononcées. La maîtrise du langage se caractérise par son aspect créateur : le nombre de comportements linguistiques qu'un locuteur peut adopter est infini. Il est ainsi indépendant des stimuli présents dans l'environnement linguistique de l'enfant. L'étude du langage chez l'homme ne peut donc pas simplement être une étude du comportement. Elle doit être une étude de ce qui le régit. Autrement dit, la connaissance linguistique d'un locuteur dépasse le simple comportement observé. Elle ne peut alors être décrite fidèlement que comme la maîtrise de règles récursives permettant de construire et d'analyser un nombre infini de phrases différentes. Chomsky (1965) introduira ainsi une distinction entre la « performance » qui désigne le comportement verbal observable et la « compétence » grammaticale qui est la connaissance tacite de la grammaire de sa langue maternelle que possède tout locuteur. Le béhaviorisme est donc réducteur en ce que l'anti-mentalisme qui le caractérise l'empêche d'étudier la réalité mentale (des processus et des représentations) sous-jacente à la maitrise du langage.

La pauvreté du stimulus (I)

Le principal argument utilisé par Chomsky en faveur de l'innéité de la faculté de langage, déjà en germe dans sa critique de Skinner, est « l'argument de la pauvreté du stimulus[5] ». Chomsky part d'un fait : la rapidité et la facilité avec lesquelles l'enfant parvient à maîtriser le langage. Sauf en cas de pathologie, l'enfant réussit toujours à comprendre et à produire un nombre indéfini d'énoncés grammaticalement corrects, en un temps court, sans commettre un certain type d'erreurs et en passant par des étapes caractéristiques. Or, l'information disponible dans l'environnement linguistique où grandit un enfant paraît « pauvre » relativement à la connaissance linguistique à laquelle il parvient. Les séquences de mots effectivement entendues par l'enfant (que Chomsky nomme les « données linguistiques primaires ») sont incomplètes (pauvres quantitativement), partielles et même parfois déficientes (médiocres qualitativement) lorsqu'on les compare aux principes syntaxiques abstraits et complexes qui régissent la grammaire d'une langue. Ainsi, le problème posé par l'apprentissage du langage peut être formulé en ces termes :

> Le problème est, précisément, de déterminer comment l'enfant en vient à savoir que la structure de sa langue a les caractéristiques spécifiques que l'étude empirique du langage nous conduit à postuler, compte tenu de la pauvreté des données dont il dispose. (Chomsky, 1967, p. 7.)

En d'autres termes, l'enfant n'a accès qu'à un échantillon nécessairement limité d'énoncés alors qu'il devient capable d'en comprendre et

5 Chomsky, 1980.

d'en formuler une infinité. Il parvient à acquérir sa langue maternelle sans difficulté et même pour ainsi dire « sans apprentissage particulier » (Chomsky, 1981, p. 12). Pour Chomsky, la seule manière d'expliquer cette acquisition est d'attribuer à l'enfant une connaissance innée de la grammaire qui vient compenser les déficiences de l'information à laquelle il a véritablement accès dans son expérience. Ce qui explique que l'enfant soit capable de comprendre et de produire un nombre indéfini de phrases grammaticalement correctes, c'est qu'il possède déjà une connaissance de principes grammaticaux complexes et abstraits. Chomsky en veut pour preuve que les enfants ne commettent jamais le type d'erreurs qu'ils devraient commettre s'ils ne faisaient qu'utiliser des mécanismes d'apprentissage généraux dénués de connaissance innée[6]. En effet, à chaque étape de l'acquisition du langage – inférer le sens d'un nouveau mot, créer un règle morphologique ou syntaxique, déterminer le cadre de sous catégorisation d'un nouveau verbe… – les enfants pourraient former une infinité de généralisations logiquement possibles. Ils choisissent pourtant la plupart du temps la généralisation adéquate. Un des exemples privilégiés par Chomsky est le processus de la formation des questions[7]. Ce processus consiste à remplacer l'expression nominale d'une phrase par un mot-question approprié que l'on place au début de la phrase :

(1) Jean a vu un homme.
(2) Qui Jean a-t-il vu ?

Face à (1), l'enfant a le choix entre une règle « dépendante de la structure », c'est-à-dire attentive à la structure syntaxique profonde de la phrase qui distingue l'auxiliaire principal et les auxiliaires subordonnés, et un ensemble indéfini de règles « indépendantes de la structure », du type : « inverser le sujet du premier auxiliaire rencontré » ou « inverser le sujet de n'importe quel auxiliaire[8] ». Or, une généralisation simplement

6 Chomsky, 1959 ; Chomsky, 1980 ; George Botterill et Peter Carruthers, *The Philosophy of Psychology*, Cambridge, Cambridge University Press, 1999.

7 Chomsky, 1968, p. 115.

8 La grammaire générative transformationnelle chomskyenne distingue entre une structure de surface et une structure profonde des phrases. Par structure profonde, Chomsky entend l'arbre des descripteurs ou indicateurs syntagmatiques qui sous-tendent la phrase finale et qui sont pertinents pour son interprétation sémantique. La structure superficielle

inductive, c'est-à-dire qui n'utiliserait que des règles « indépendantes de la structure », impliquerait un type spécifique d'erreurs. En effet, celle-ci conclurait par exemple que la formation de question consiste simplement à mettre un mot-question en début de phrase et à inverser le sujet. Elle mènerait alors les enfants à transformer une phrase déclarative de la manière erronée suivante (4*) :

(3) L'homme qui est en train de boire est heureux.
(4*) Qui l'homme est-il en train de boire est heureux ?

Pour avoir la formulation grammaticale correcte de la question correspondant à la phrase déclarative (3), une autre règle, plus complexe qu'une simple induction, est nécessaire. Et cette règle repose sur une analyse abstraite de la phrase qui se trouvera décomposée non pas en mots, mais en syntagmes grammaticaux[9]. En d'autres termes, cette règle, en incitant à déplacer l'auxiliaire principal en début de phrase (et non plus seulement le premier auxiliaire rencontré), dépend de la structure grammaticale (profonde) de la phrase et permet ainsi d'obtenir la phrase grammaticalement correcte suivante :

(5) L'homme qui est en train de boire est-il heureux ?

Selon Chomsky, le modèle d'inversion du sujet et de l'auxiliaire est impossible à apprendre à partir de la seule expérience, par une simple induction. Parce que les enfants réalisent facilement ces transformations grammaticales et ne commettent pas communément le type d'erreurs (4*), la connaissance de la règle grammaticale dépendante de la structure ne peut être qu'innée. Si l'enfant a le choix entre plusieurs hypothèses sur la manière de formuler une question, compatibles avec les données linguistiques disponibles, le fait qu'il choisisse l'hypothèse adéquate pour laquelle il n'existe pas d'indices explicites dans les phrases entendues prouve qu'il la connaît déjà.

---

désigne uniquement le descripteur syntagmatique final, qui n'est pertinent que pour l'interprétation phonétique de la phrase. – voir Blitman, 2015.

9 Chomsky, 1981.

LA FACULTÉ INNÉE DE LANGAGE

La manière dont le langage est acquis révèle selon Chomsky que nous possédons une faculté innée de langage. Celle-ci nous procure une connaissance tacite de la grammaire universelle.

Le niveau tacite

À partir de Chomsky apparaît l'idée selon laquelle la connaissance – et en particulier la connaissance linguistique – implique plus que ce que l'on peut observer dans le comportement. Le mentalisme chomskyen s'attache à découvrir une réalité mentale sous-jacente au comportement effectif[10]. Il fait ainsi apparaître un nouveau niveau d'investigation scientifique : le niveau tacite, c'est-à-dire un niveau non conscient, « infrapersonnel », « subdoxastique » ou « subpersonnel[11] ». Chomsky pense que les locuteurs d'une langue possèdent une connaissance tacite des règles grammaticales. Par exemple, tout francophone comprend de façon implicite la règle de la co-référence pronominale. Il sait que le pronom « il » ne fait pas référence à la même personne dans les deux phrases suivantes[12] :

(1) Jean pense qu'il va gagner la course ;
(2) Il pense que Jean gagnera la course.

Dans la première phrase, le pronom et le nom ont la même référence, ce qui n'est évidemment pas le cas de la deuxième phrase. Tout locuteur du français est capable d'identifier la coréférence, sans qu'il ait besoin d'y avoir accès explicitement. De façon générale, chaque locuteur d'une langue applique tacitement des règles grammaticales dans son comportement verbal, sans être pour autant capable d'en fournir un énoncé verbal explicite. Ces règles tacites ne sont pas nécessairement accessibles à la

10 Chomsky, 1971.

11 Selon Engel (1996), au niveau personnel, les procédures en jeu sont conscientes, stratégiques, variables et dépendantes de l'histoire de l'individu et de son environnement culturel. Au niveau subpersonnel, les procédures en jeu se déroulent automatiquement et sont figées dans une configuration donnée, imperméable à tout environnement. Elles sont les mêmes pour tous les individus et ne se modifient pas pendant l'existence sauf par accident.

12 Blitman, 2015.

conscience ni à l'introspection[13]. Chomsky forge un nouveau terme – la *cognizance* – afin de concevoir ce type de connaissance tacite, qu'il considère comme une connaissance plus faible que la connaissance au sens habituel du terme. Il convient alors de faire une distinction entre « avoir la connaissance de » (*cognize*) et « savoir » (*know*)[14]. On retrouve ici la distinction déjà évoquée entre la « performance » langagière, le comportement linguistique observable qui dépend de facteurs accidentels comme l'attention, la fatigue, les idiosyncrasies et défauts articulatoires personnels, et la « compétence » non entièrement visible dans le comportement[15]. Alors que la performance correspond au comportement verbal effectif individuel, la compétence désigne la réalité mentale possédée par tous, sous-jacente à celui-ci qui permet la maîtrise des procédures grammaticales, à laquelle la linguistique nous donne accès[16].

Dès *Syntactic Structures* en 1957, Chomsky propose un nouveau programme de recherche en linguistique qu'il nomme « grammaire générative » dont la tâche est de constituer une théorie du savoir tacite, de la compétence d'un locuteur d'une langue donnée.

> Par « grammaire générative », j'entends la description de la compétence tacite du locuteur-auditeur qui sous-tend sa performance actuelle dans la production et la perception (la compréhension) du discours. (Chomsky, 1969, p. 75.)

Si l'ensemble des phrases de toute langue naturelle est infini, la grammaire, pour pouvoir être maîtrisée par l'esprit, doit être un mécanisme fini capable de générer un nombre infini de phrases. C'est la propriété de toute langue humaine que Chomsky nomme capacité à traiter des « infinités discrètes » et récursivité[17]. La grammaire générative revient donc à décrire des procédures récursives qui permettent la construction d'un ensemble potentiellement infini d'expressions linguistiques complexes à partir d'un stock fini d'éléments lexicaux. Elle cherche à assigner une description structurale aux phrases[18].

13 Engel, 1996.
14 Chomsky, 1981, p. 201.
15 Chomsky, 1985, p. 213.
16 À partir de *Knowledge of language*, la compétence devient la langue interne (*i-language*) et la performance l'ensemble des phrases générées (*e-language*).
17 Chomsky, 1985 ; Chomsky, 1986.
18 Chomsky, 1971.

Chomsky assigne une seconde tâche à la grammaire générative, celle d'expliquer comment l'enfant acquiert sa compétence linguistique en posant un socle biologique, un mécanisme inné d'apprentissage du langage qu'il nomme « grammaire universelle ». L'existence d'un niveau tacite rend en effet possible la recherche des bases biologiques du langage[19].

La grammaire universelle innée

La grammaire universelle est « un ensemble de schèmes déterminant la forme et le caractère des grammaires, ainsi que les principes selon lesquels elles opèrent[20] ». Ces schèmes et ces principes déterminent les conditions formelles que doit remplir toute grammaire. Il ne s'agit donc pas d'une grammaire particulière mais d'« un système de principes, de conditions et de règles qui sont des éléments ou des propriétés de toutes les langues humaines, pas simplement par accident mais par nécessité – nécessité biologique et non logique »[21]. Chaque grammaire particulière d'une langue contient à la fois des éléments particuliers, idiosyncrasiques, qui déterminent une langue spécifique et des éléments universels généraux, des « universaux linguistiques ». Parce que les langues humaines sont à la fois diverses et similaires, la grammaire universelle ne doit être ni trop restrictive, de manière à autoriser la diversité des langues, ni trop peu contraignante, de manière à refléter l'acquisition des universaux linguistiques.

La grammaire universelle est conçue comme un système fini de principes universels capable d'engendrer un ensemble infini de phrases de la langue, et d'un ensemble de paramètres que la rencontre avec l'environnement linguistique permet de fixer[22]. Parce que la complexité structurale et le degré d'abstraction des principes grammaticaux utilisés

---

19 Guy Tiberghien, Jean-Luc Roulin et Agnèse Pollier, « Changement permanent et permanence du changement », in *Penser – Apprendre. La cognition chez l'enfant, les troubles de l'apprentissage, la prise en charge*, Mazet, P. et Lebovici, S. (édit.), Genève, Éditions Eshel, 1988.

20 Chomsky, 1981, p. 261.

21 Chomsky, 1981, p. 40.

22 Chomsky, 1971, p. 46. La caractérisation précise des propriétés universelles du langage a évolué dans le modèle chomskyen (Blitman, 2015). La grammaire universelle est définie d'abord comme un ensemble de règles transformationnelles, des règles dépendantes de la structure profonde de la phrase. Puis, elle est identifiée à la fin des années 1970 à des principes et des paramètres. Dernièrement, le programme minimaliste proposé par Chomsky vise à réduire le nombre des principes par souci d'économie et d'élégance.

par l'enfant dépassent de loin ceux des données linguistiques auxquelles il est exposé, la grammaire universelle est innée. Les énoncés linguistiques entendues ont alors pour rôle de sélectionner une grammaire particulière qui n'est qu'une version parmi d'autres de la grammaire universelle. L'hypothèse de l'existence d'une telle grammaire permet de rendre compte du fait que les grammaires sont similaires entre elles alors que les données sont fragmentaires et défectueuses en postulant une structure innée spécialisée que l'expérience active et complète.

La grammaire universelle présente à la fois une « adéquation descriptive » et une « adéquation explicative[23] ». Elle est non seulement une bonne description du comportement linguistique en ce qu'elle permet d'engendrer les phrases grammaticalement correctes de n'importe quelle langue. Mais elle fournit également les principes d'organisation qui permettent d'apprendre une langue. Elle est donc aussi une bonne explication de la façon dont l'enfant acquiert la connaissance qu'il a de la grammaire de sa langue à partir des données dont il dispose dans son environnement linguistique.

CONCEPTS, MODULES ET THÉORIES INNÉS

Suite aux travaux de Chomsky, l'innéisme s'est étendu aux concepts et aux autres domaines cognitifs.

LES CONCEPTS INNÉS SELON FODOR

Le représentant contemporain de l'innéisme des concepts est le philosophe Jerry Fodor. Selon lui, la plupart de nos concepts sont innés : cette thèse est, selon lui, la seule position logiquement tenable qui permette de rendre compte de notre système conceptuel et du fonctionnement de la pensée.

23 Chomsky, 1971.

L'argument standard

Fodor formule un argument *a priori* en faveur des concepts innés, qu'il nomme « argument standard[24] ». Selon cet argument, l'apprentissage des concepts requiert l'innéité de certains concepts, si ce n'est de la plupart d'entre eux. La seule méthode pour apprendre des concepts utilise en effet un processus inductif qui formule et teste des hypothèses sur le type de propriétés que les entités doivent posséder pour tomber sous un concept particulier. Or, toute hypothèse présuppose elle-même des concepts pour sa formulation. Les concepts qui servent à la formulation des hypothèses ne peuvent donc être appris de cette manière. Ils doivent donc être primitifs, déjà disponibles pour rendre possible l'apprentissage, c'est-à-dire innés. Ainsi, la nature inductive (ou empiriste) de l'apprentissage repose sur un innéisme irréductible.

Cette approche s'oppose à la conception prototypique des concepts[25] sous-jacente à une approche inductive de l'apprentissage. Les partisans de l'approche prototypique considèrent que les concepts ont une structure probabiliste en ce qu'un élément tombe sous un concept seulement s'il satisfait un nombre suffisant de propriétés. Ils insistent sur l'idée selon laquelle c'est bien en voyant par exemple des poignées de porte que l'on forge par induction le prototype « poignée de porte ». Or, c'est cette induction qui nécessite selon Fodor d'admettre des concepts innés. Si la perception des poignées de porte est susceptible de fournir un prototype « poignée de porte » selon un processus d'inférence statistique, ce qui donne réellement un sens au prototype « poignée de porte » est qu'il déclenche une représentation mentale qui repose sur un concept déjà disponible. Par conséquent, même les empiristes doivent accepter l'existence de certains concepts primitifs rendant possible l'apprentissage. Selon ce raisonnement, l'idée même de rouge exprimant la propriété « être rouge » semble contenir *ipso facto* le concept inné de ROUGE :

> Supposons que le concept ROUGE soit primitif. Pour apprendre ROUGE de façon inductive, on aurait à concevoir et confirmer l'hypothèse selon laquelle

24 Fodor, 1975 ; Fodor, 1981 et Fodor, 1998a.

25 Cette conception formulée par la psychologue américaine Eleanor Rosch en 1978 est proposée comme une alternative à la théorie classique selon laquelle un concept a une structure qui peut se décomposer en concepts plus simples exprimant des conditions nécessaires et suffisantes d'appartenance au concept.

> les choses tombent sous ce concept ROUGE, en vertu du fait d'être rouge. Mais on ne peut concevoir et confirmer cette hypothèse à moins de posséder déjà le concept ROUGE, puisque le concept ROUGE est invoqué dans la formulation même de l'hypothèse. (Fodor, 1998a, p. 124.)

Selon Fodor, même les empiristes – du fait de la circularité inhérente à l'attribution d'un concept – sont forcés d'admettre l'innéité des concepts sensoriels. Quine (1969), par exemple, se fourvoie en pensant qu'il est possible de soutenir que seule une « métrique de similarité » est innée. Pour lui en effet, la seule chose innée est un espace de qualités, pour lequel il existe une métrique qui détermine quels points dans l'espace sont plus proches ou plus éloignés les uns des autres. Ces points représentent les expériences des qualités phénoménales. La proximité constitue la ressemblance entre celles-ci. Dans sa perspective, apprendre le concept POIGNÉE DE PORTE revient à apprendre à répondre de manière sélective à toutes les instances similaires à des poignées de porte. Mais Fodor souligne l'insuffisance de cette position : soit la similarité est comprise en référence à la propriété « être une poignée de porte », ce qui ne fait que repousser le problème, en posant à nouveau la question de l'acquisition de cette dernière ; soit il faut faire référence à d'autres propriétés dont l'identification reste à préciser. C'est la seconde option que choisit Quine, en faisant appel à un stéréotype « poignée de porte » pour expliquer la similarité[26]. Mais, selon Fodor, Quine ne parvient pas à éviter la tautologie, dans la mesure où il échoue à caractériser le stéréotype « poignée de porte » indépendamment du concept POIGNÉE DE PORTE. Là encore, la construction d'un stéréotype est rendue possible seulement par l'innéité du concept correspondant :

> Il y a deux manières de comprendre l'affirmation selon laquelle le processus d'acquisition du concept POIGNÉE DE PORTE recrute une « métrique de similarité » innée. L'une est une platitude, l'autre fait intervenir les idées innées – à savoir, l'innéité du concept similaire à une poignée de porte. (Fodor, 1998a, p. 144.)

Une conséquence de la position de Fodor est que la différence entre l'innéisme et l'empirisme est liée à la quantité admise de concepts innés. L'innéisme est conçu alors comme une généralisation de l'empirisme.

---

26 Un stéréotype est un ensemble de propriétés dont certaines ne sont ni nécessaires, ni suffisantes, mais qui se rencontrent fréquemment chez les membres de la catégorie.

L'atomisme conceptuel

Dans l'œuvre de Fodor, on trouve un autre élément en faveur de l'innéisme, qui s'appuie plus explicitement sur la capacité qu'ont les concepts de se composer entre eux (la « compositionnalité »). Pour Fodor, c'est la compositionnalité des concepts qui garantit la productivité et la systématicité propres à la pensée humaine. Et la compositionnalité présuppose logiquement l'existence de concepts premiers, « primitifs » selon les termes de Fodor, c'est-à-dire indécomposables, ne possédant pas de structure interne. Fodor défend ainsi l'atomisme conceptuel qui s'oppose aussi bien à la théorie classique qu'à la théorie prototypique des concepts.

Aux yeux de Fodor, l'atomisme conceptuel rend l'innéisme des concepts non seulement nécessaire mais nécessairement radical[27]. Dans la théorie de Fodor, ce sont en effet la plupart de nos concepts qui sont primitifs, c'est-à-dire innés. Seuls les concepts composés peuvent être appris[28]. On peut identifier deux arguments fodoriens à l'appui de cette idée[29].

Premièrement, l'existence de concepts indécomposables, atomiques ou primitifs est nécessaire pour éviter toute régression à l'infini. Si les concepts complexes sont constitués par d'autres, il faut bien que préexistent des éléments premiers qui constituent ces derniers, sans quoi il y a bien une régression à l'infini. Pour preuve, il est presque impossible de parvenir à des définitions (ou des décompositions) satisfaisantes de bon nombre de nos concepts. Fodor (1981) prend l'exemple de la définition du verbe transitif « peindre ». La définition suivante semble au premier abord satisfaisante : l'acte de peindre consiste pour X à couvrir de peinture la surface de Y. Mais cette définition est en réalité insuffisante. Supposons en effet qu'une usine de peinture explose et couvre de peinture les témoins de l'explosion. La description de cet événement correspond à la définition et pourtant on ne dirait jamais que l'usine de

27 Fodor, 1975 ; Fodor, 1981 et Fodor, 1998a.

28 Remarquons qu'il est possible de défendre l'atomisme conceptuel sans être innéiste. La philosophe américaine Ruth Millikan défend ainsi une approche externaliste atomiste qui est très clairement empiriste. Selon sa conception téléosémantique, la plupart de nos concepts atteignent leurs contenus particuliers comme un résultat du fonctionnement évolué de nos systèmes cognitifs.

29 Fodor, 1998a ; Reboul, 2009.

peinture « a peint » les témoins de cette explosion. Il faut donc ajouter une condition, à savoir : X doit être un agent. Mais là encore, la nouvelle définition reste insuffisante. En effet, quand Michel-Ange a couvert de peinture le plafond de la Chapelle Sixtine, on ne peut pas dire qu'il était en train de « peindre » le plafond mais plutôt qu'« il peignait une image » sur le plafond. Il faudrait donc ajouter encore une condition en disant que le revêtement de la surface avec de la peinture doit être l'intention principale de l'acte, plutôt qu'une simple conséquence de cette intention. Mais cette condition suppose que les apprenants du concept PEINDRE connaissent préalablement le concept INTENTION PRINCIPALE D'UN ACTE qu'il faudrait lui aussi chercher à définir. Mais même à supposer que ce concept soit maîtrisé, la définition corrigée n'est toujours pas satisfaisante. Lorsque Michel-Ange trempe son pinceau dans un pot de peinture, il en couvre de peinture, en un sens, la surface et c'est bien là son intention principale. Mais on ne dirait pas pour autant qu'« il peint » son pinceau. L'impasse est évidente. La plupart des concepts sont donc indécomposables, sans structure ou primitifs et tous les autres sont composés à partir d'eux.

Deuxièmement, l'atomisme conceptuel résulte de l'idée déjà évoquée selon laquelle la formation même de prototypes nécessite des concepts déjà disponibles. Si les concepts peuvent entrer dans des rapports de composition, ils ne sont pas des prototypes. Un prototype possède une structure probabiliste qui détermine un ensemble de propriétés suffisantes d'appartenance à un concept. Pour exemple, le prototype d'un « poisson rouge » (*pet fish*) ne peut provenir de la conjonction ou de la composition des deux prototypes « poisson » et « animal domestique » (*pet fish*). En réalité, le prototype « poisson rouge » déclenche une représentation mentale qui « est verrouillée » au concept POISSON ROUGE. Il faut donc que le concept soit déjà disponible pour que le prototype puisse signifier quelque chose.

Ce n'est donc pas l'induction à partir de ses instances particulières qui explique le sens d'un concept. Mais alors comment expliquer que ce sont ces instances qui activent précisément le concept dont elles relèvent ? C'est ce que Fodor nomme lui-même « le problème poignée de porte / POIGNÉE DE PORTE » : comment expliquer que ce sont typiquement des expériences de poignée de porte qui activent le concept POIGNÉE DE PORTE ? Selon lui, la nature de la propriété « poignée de porte » est telle que, étant donnée une exposition à des poignées de porte typiques, les hommes vont se focaliser sur cette propriété. Cela nécessite un « verrouillage nomologique » entre l'esprit et le monde. La sémantique informationnelle défendue par Fodor conçoit donc le contenu d'un concept comme provenant d'une relation nomologique entre l'esprit et le monde. Cette relation n'est ni cognitive ni épistémique. Elle est automatique (*brute-causal*). Les concepts sont des symboles non structurés qui véhiculent de l'information à propos des aspects de l'environnement. Ils sont des indicateurs de propriétés. Il y a une covariation métaphysiquement nécessaire entre les propriétés du monde et les concepts qui détermine leur référence. Un objet est une poignée de porte dans le cas où il instancie la propriété à laquelle l'esprit humain est relié.

L'INNÉISME COGNITIF

À partir des années 1980, l'idée d'une faculté innée spécifique au langage telle qu'on la trouve chez Chomsky ainsi que l'innéisme conceptuel fodorien ont donné naissance à une réflexion portant sur les autres domaines cognitifs. Selon l'innéisme cognitif ou modulaire, nous possédons un bagage mental inné spécialisé dans les différents domaines de la cognition qui nous permettrait d'appréhender le monde et les autres. Ce bagage peut être conçu comme un ensemble de représentations innées, de théories naïves et/ou un ensemble de mécanismes spécifiques spécialisés pour résoudre un certain type de tâche que l'on appelle « modules[30] ».

La pauvreté du stimulus (II)

Pour défendre leur position, les innéistes appliquent l'argument chomskyen de la pauvreté du stimulus à l'ensemble de la cognition. Ils considèrent que l'information disponible dans l'environnement

30 Fodor, 1983 ; Hirschfeld et Gelman, 1994. Dans les termes de Samuels (2000), il existe deux types de « modules » : les modules computationnels qui contiennent des mécanismes et les modules chomskyens qui se définissent par un ensemble de représentations mentales spécifiques dont le contenu est évaluable en terme de vérité. Pour Fodor (1983) et Richard Samuels (« The Complexity of Cognition : Tractability Arguments for Massive Modularity, in Carruthers, P., Laurence S. et Stich S. (edit.), 2005), Chomsky défend un innéisme des attitudes propositionnelles spécifiques et donc ne se prononce pas sur la spécificité des mécanismes d'acquisition du langage.

cognitif dans lequel grandit un enfant est « pauvre » relativement à la connaissance du monde et des autres à laquelle il parvient. Atran (2001, p. 4) souligne par exemple la similitude de l'enquête menée dans le domaine du langage et dans le domaine de la psychologie naïve :

> [L]a plupart des travaux dans ce domaine – appelé théorie de l'esprit ou psychologie naïve – se focalisent sur les mêmes types de question et d'approche que les grammairiens génératifs posent : comment l'enfant est-il capable d'inférer de manière fiable une telle structure mentale riche pour les autres esprits à partir de quelques gestes et sans la maîtrise du langage ?

Cet argument prend appui sur les travaux récents de la psychologie du développement, en particulier de la psychologie néonatale, et sur ceux de l'anthropologie cognitive pour montrer que les nourrissons et les enfants possèdent des compétences cognitives universelles. En mesurant la durée du regard du nouveau-né dès l'âge de trois mois, les psychologues cognitifs pensent obtenir des indices expérimentaux sur la surprise, les anticipations et donc les « connaissances » qu'il a de son environnement dans les domaines de la physique naïve, la géométrie naïve, l'arithmétique naïve et la psychologie naïve[31]. Ils utilisent ainsi le paradigme expérimental d'habituation : ils présentent de manière répétée au nouveau-né un ensemble d'images figurant le même phénomène jusqu'à ce qu'il s'y habitue. Puis, ils lui présentent une image illustrant un autre phénomène. Si l'enfant montre un regain d'intérêt en le regardant plus longuement, on peut penser qu'il est surpris et qu'il appréhende la nouvelle image comme un stimulus différent du précédent. Par une manipulation fine des variables de forme, de couleur, de taille, les chercheurs tentent de saisir la nature de la différence à laquelle l'enfant est sensible.

Certaines recherches ont ainsi mis en évidence que l'enfant paraît surpris quand on lui montre des phénomènes qui violent les lois physiques, comme une balle qui semble s'arrêter dans l'air toute seule ou bien un objet qui semble passer à travers une surface solide. Les psychologues Elizabeth Spelke et Renée Baillargeon en concluent que les nourrissons dès l'âge de trois mois possèdent des connaissances et des capacités de raisonnement physique de base, fondés sur des principes physiques innés. La recherche en psychologie du développement met également en place des tests pour

31 Rochat, 2006.

identifier le moment où certaines capacités cognitives apparaissent chez l'enfant. Par exemple, la réussite au « test des fausses croyances[32] » des enfants âgés de trois ou quatre ans est interprétée comme révélant leur capacité à attribuer des croyances à autrui (appelée aussi « théorie de l'esprit »). Certains psychologues voient dans cette compétence précoce un indice de l'innéité de la théorie de l'esprit.

L'anthropologie cognitive révèle en outre la présence de capacités cognitives similaires chez des enfants issus de différentes cultures. Par exemple, une étude sur les enfants mayas âgés de 4 à 7 ans montre qu'ils possèdent une capacité à attribuer des croyances à autrui[33], ce qui apporte une preuve supplémentaire en faveur de l'innéité de la théorie de l'esprit. De la même manière, les études transculturelles menées par l'anthropologue Scott Atran (1990) constatent l'uniformité et la présence universelle de la classification préscientifique des formes vivantes (ou biologie naïve). La taxonomie populaire présente une forme similaire en dépit de la différence des cultures. Les enfants manifestent très vite leur capacité à distinguer les formes vivantes des artefacts et à comprendre que certaines anomalies (l'absence d'un membre, par exemple) ne compromet pas l'appartenance à la catégorie biologique correspondante : un mouton à trois pattes est bien un mouton. Pour Atran (1990), ces données permettent d'étayer l'hypothèse de l'innéité de la biologie naïve, c'est-à-dire d'un ensemble de concepts et de théories spécifiques nous permettant d'appréhender les êtres vivants.

Ainsi, selon les innéistes, les compétences cognitives constatées chez le nourrisson et l'enfant paraissent bien trop sophistiquées pour être apprises via un processus général dénué de connaissance innée,

32 Heinz Wimmer et Josef Perner, « Beliefs about Beliefs : Representation and Constraining Function of Wrong Beliefs in Young Children's Understanding of Deception », *Cognition*, 13 (1), 1983, p. 103-128. Le test des fausses croyances consiste à montrer à des enfants une marionnette, Maxi, qui cache un morceau de chocolat dans une boîte en carton. Il quitte ensuite la scène. Une seconde marionnette, la mère de Maxi, entre. La mère trouve le chocolat dans la boîte et le place dans le réfrigérateur. La mère s'en va et Maxi revient, annonçant qu'il va retrouver son chocolat. La scène s'arrête là et on demande aux enfants dans quel endroit Maxi cherchera son morceau de chocolat, dans la boîte en carton ou dans le réfrigérateur. Les enfants jusqu'à environ quatre ans répondent, pour la plupart, que Maxi cherchera dans le réfrigérateur, alors que presque tous les enfants âgés de plus de cinq ans diront que Maxi regardera dans la boîte en carton.

33 Nicola Knight, Paulo Sousa, Justin Barrett et Scott Atran, « Children's Attributions of Beliefs to Humans and God : Cross-Cultural Evidence », *Cognitive Science*, 28 (1), 2004, p. 117-126.

dans le temps minimal imparti et compte tenu des déficits perceptifs et attentionnels liés à l'enfance. Ils concluent ainsi que les nourrissons naissent déjà porteurs de certaines capacités préétablies leur permettant de concevoir les objets, d'appréhender le monde et les autres[34]. Leurs prouesses conceptuelles sont dues à des structures d'organisation innées spécifiques, propres à orienter l'attention sur les données pertinentes pour un domaine cognitif particulier. La précocité, l'universalité et la complexité des compétences des enfants montrent que celles-ci ne peuvent avoir été simplement modelées par l'expérience[35].

Modules et théories naïves

L'idée chomskyenne de l'existence d'une faculté spécifique dédiée au langage est reprise dans l'hypothèse de la modularité énoncée par Fodor (1983). Selon cette hypothèse, l'esprit comporte des mécanismes spécialisés innés ou modules dans le domaine de la perception, y compris celle du langage. Les modules fodoriens se caractérisent par plusieurs propriétés : ils sont propres à un domaine, câblés, autonomes, non construits et innés. Les mécanismes neuronaux qui sous-tendent les modules se développent en suivant un ordre spécifique, déterminé de manière endogène, et déclenché par l'environnement. Les modules se distinguent en outre par leur « cloisonnement informationnel » : un module utilise seulement l'information codée dans son processus sans pouvoir se servir de l'information stockée dans les autres modules ou dans la cognition centrale. Parce qu'ils concernent seulement la perception, les modules fodoriens sont « périphériques ». La cognition proprement dite n'est pas modulaire car elle implique des processus holistiques.

Certains chercheurs ont néanmoins appliqué la notion de module à l'ensemble de la cognition qui s'est vue alors fragmentée en domaines cognitifs bien distincts[36]. Ce faisant, ils ont assoupli la notion de module : les modules cognitifs ne peuvent plus être aussi cloisonnés que les modules périphériques fodoriens. Mais ils demeurent toutefois spécifiques à un

34 Spelke, 1994 ; Rochat, 2006.

35 William Wimsatt, « Developmental Constraints, Generative Entrenchment and the Innate-Acquired Distinction », in *Integrating Scientific Disciplines*, Bechtel W. (edit.), Dordrecht, Springer, 1986, p. 185-208 ; Kurt W. Fisher et Thomas, Bidell, « Constraints Nativist Inferences about Cognitive Capacities », in Carey, S. et Gelman, R, 1991, p. 199-235.

36 Barkow *et al.*, 1992 ; Cosmides et Tooby, 1997.

domaine, c'est-à-dire spécialisés pour réaliser un certain type de tâche. C'est ainsi qu'a émergé l'hypothèse de la modularité massive défendue par l'anthropologue Dan Sperber en 1996 dans son ouvrage *La contagion des idées*. Selon lui, l'organisation modulaire de la pensée ne souffre aucune limite. Les modules ne sont plus restreints comme chez Fodor (1983) à des tâches périphériques ou automatiques, comme la perception visuelle. Les modules cognitifs opèrent sur les données conceptuelles appartenant à un domaine spécifique. Ils s'appuient sur les résultats des modules perceptifs et utilisent les informations présentes dans les autres modules cognitifs[37]. L'innéisme modulaire conçoit l'esprit comme étant composé d'un grand nombre de modules innés, définis comme des mécanismes de traitement de l'information, spécialisés pour résoudre un certain type de problèmes et recrutés spécifiquement pour le faire par la sélection naturelle. Si tous n'adhérent pas à une conception strictement modulaire, les psychologues cognitifs contemporains partagent, pour la plupart, l'idée selon laquelle la connaissance de base est compartimentée en domaines cognitifs fondamentaux, qui peuvent prendre la forme de théories naïves innées dans les domaines suivants[38] :

- La physique naïve est l'ensemble des attentes que nous avons spontanément sur le comportement physique des objets du monde ;
- La biologie naïve est la manière intuitive de classer les espèces animales et végétales ;
- La mathématique naïve est la capacité à manier les nombres ;
- La psychologie naïve est l'appréhension de l'esprit d'autrui comme ensemble de croyances et de désirs, également appelée « théorie de l'esprit ».

Les théories naïves possèdent chacune des principes d'organisation, des modes de raisonnement et des ontologies spécifiques et propres à un domaine[39]. Modules et théories naïves se recoupent fréquemment. Par

---

37 George Botterill et Peter Carruthers, 1999, *The Philosophy of Psychology*, Cambridge, Cambridge University Press.

38 Karmiloff-Smith, 1992 ; Baillargeon, 1994 ; Hirschfeld et Gelman, 1994 ; Carey et Spelke, 1994 ; Spelke, 1998. Précisons cependant que les psychologues cognitifs ne sont pas tous innéistes, voir Pacherie, 1993.

39 Susan Gelman, John Coley et Gail Gottfried, « Essentialist Beliefs in Children : The Acquisition of Concepts and Theories » in L. Hirschfeld, & S. Gelman (edit.), 1994,

exemple, la biologie naïve innée postulée par Atran (1990) est à la fois une théorie et un module : elle ne consiste pas uniquement en représentations ou contenus innés mais elle recèle également un mécanisme spécifique, c'est-à-dire spécialisé et recruté pour traiter le problème de la discrimination des êtres biologiques. Il est cependant possible de défendre un innéisme cognitif non modulaire qui pose l'existence de connaissances innées spécifiques utilisées par des mécanismes généraux[40].

LES IDÉES INNÉES ET LA BIOLOGIE

La théorie des idées innées contemporaine se présente comme une hypothèse en continuité avec le monde biologique. Les innéistes adoptent une définition génétique de l'innéité. Certains pensent même que les facultés innées de l'esprit constituent des adaptations biologiques. L'innéisme se présente alors comme une hypothèse scientifiquement sérieuse, corroborée par les données de la neuropsychologie.

L'INNÉITÉ INSCRITE DANS LES GÈNES

Les idées innées sont considérées par la plupart des innéistes comme spécifiées génétiquement, c'est-à-dire comme les phénotypes de génotypes que les humains ont en partage[41]. Selon Fodor, le débat contemporain sur les idées innées porte sur la question de savoir s'il y a un phénotype

p. 341-362 ; Gelman, 1999. Il est intéressant de noter que les partisans de la spécificité à un domaine n'ont pas tous la même conception des théories : certains adoptent une notion forte de théorie, semblable aux théories scientifiques (Alison Gopnik et Andrew Meltzoff, Words, Thoughts and Theories, Cambridge MA, The MIT Press, 1997) alors que d'autres rejettent cette idée (Keil, 1994). La conception du changement conceptuel n'est pas non plus uniforme et oscille entre continuité et discontinuité : s'agit-il de l'élaboration d'une théorie de plus en plus précise ou bien d'une restructuration complète des structures conceptuelles ? Les théories peuvent en effet être pensées comme subissant une restructuration radicale au cours du temps et être informées par la connaissance et les croyances culturelles.

40 Gopnik et Meltzoff, 1997.

41 Fodor, 1983 ; Chomsky, 1986 ; Barkow *et al.*, 1992 ; Pinker, 1994 ; Pinker, 1997 ; Cosmides et Tooby, 1997 ; Fodor, 2001 ; Chomsky, 2006. L'innéisme non biologique de Mark Baker (« The Creative Aspect of Language Use and Nonbiological Nativism », in Carruthers, Laurence et Stich, (edit.) 2007) est une exception.

humain caractéristique qui peut être attribué à un équipement génétique humain[42].

Des organes mentaux

L'approche biolinguistique de Chomsky considère la faculté de langage comme un « organe mental », au même titre que les systèmes visuels des mammifères ou la navigation chez les insectes[43]. Chomsky parle de « structure mentale » en analogie avec le cœur, les bras, les jambes. Le développement ontogénétique des facultés mentales, comme celui des organes du corps, résulte du déroulement d'un processus intrinsèquement déterminé. Connaissance linguistique et système visuel, par exemple, possèdent tous deux une structure basique génétiquement déterminée, un développement ontogénétique inconscient et forment chacun une unité fonctionnelle. Selon Chomsky :

> L'idée de considérer que le développement du langage est analogue à la croissance d'un organe physique est donc parfaitement naturelle et plausible. (Chomsky, 1981, p. 21.)

L'argument de la pauvreté du stimulus est alors « juste un cas particulier des questions de base qui se posent universellement pour la croissance organique » (Chomsky, 2006, p. 10). Dans le cas de la croissance organique, il existe aussi, en effet, une différence qualitative entre un environnement changeant et non structuré et le développement uniforme et spécifié des structures physiques. S'il n'existe pas de différence fondamentale entre les organes physiques, les systèmes perceptuels et moteurs et les facultés cognitives – qui sont tous des propriétés de l'espèce humaine –, on peut concevoir leur développement d'une façon similaire[44]. Si notre équipement génétique détermine le but et les limites de la croissance physique, s'il permet la croissance d'un système complexe d'organes physiques hautement articulés, déterminés intrinsèquement dans leurs propriétés essentielles, il n'y a aucune raison qu'il n'en soit pas de même pour le langage. La puberté, par exemple, est un phénomène déterminé génétiquement même s'il a lieu bien après la naissance. L'organisme n'apprend

42 Fodor, 2001.
43 Chomsky, 2006.
44 Chomsky, 2005.

pas à devenir pubère, ce qui n'empêche pas certains facteurs externes d'avoir une influence sur la manière dont l'équipement génétique va se réaliser : la nutrition, par exemple, peut affecter le moment du début de la puberté. Selon Chomsky, il en est de même pour le langage.

La faculté de langage, comme tous les organes mentaux, se développe d'une façon intrinsèquement déterminée sous l'effet de l'interaction avec l'environnement. À strictement parler, on ne peut donc pas dire que l'« on apprend » le langage. Il s'agit, comme pour la puberté, de l'effet d'une maturation de structures. Il est donc tout à fait légitime de penser que la grammaire universelle est un élément de notre génotype[45].

Dans la théorie de Fodor, le verrouillage nomologique entre l'esprit et le monde, à l'origine de l'acquisition des concepts, est aussi conçu comme un fait biologique. Contrairement à l'apprentissage qui est un processus de formation et de confirmation d'hypothèses inductif, cognitif, rationnel, l'activation des concepts innés est un processus non rationnel, non psychologique, automatique, analogue à une maturation biologique. La plupart de nos concepts sont automatiquement activés par l'expérience des entités tombant sous eux. Pour illustrer cette idée, Fodor compare le phénomène d'activation des concepts innés avec celui de l'empreinte biologique (*imprinting*) identifié par Konrad Lorenz[46]. Dès qu'il sort de l'œuf, le canard identifie la première chose qu'il voit bouger à sa mère. Selon Fodor, l'observation de cette chose en mouvement ne fonctionne pas comme la confirmation d'une hypothèse sur la structure interne du concept MÈRE. Elle ne fait qu'activer automatiquement le concept MÈRE déjà disponible. De la même manière, nos esprits sont biologiquement constitués de façon à ce que les expériences qui ont pour résultat la formation d'un prototype ont aussi pour conséquence d'activer un concept déjà disponible. La survenance de la représentation mentale sur le prototype est un fait biologique lié à la nature humaine. L'enrichissement des ressources conceptuelles est donc une question de maturation biologique. L'acquisition des concepts met ainsi en jeu un processus neurologique, sans correspondant au niveau cognitif.

Dans la même veine, les modularistes adoptent une conception de la psychologie qui en fait le pendant de l'anatomie[47]. Le développement

---

45 Chomsky, 1980.

46 Lorenz, 1965.

47 Cosmides et Tooby, 1997.

ontogénétique des facultés de l'esprit, tout comme celui des organes du corps, résulte du déroulement d'un processus déterminé :

> L'esprit est organisé en modules ou organes mentaux, chacun doté d'un *design* spécialisé qui le rend expert dans une aire d'interaction avec le monde. La logique basique des modules est spécifiée par notre programme génétique. (Pinker, 1997, cité par Buller, 2005, p. 127.)

Tout comme notre corps est divisé en organes, notre esprit est doté d'un nombre important de circuits fonctionnellement spécialisés. L'architecture cognitive dépend de l'évolution phylogénétique de l'espèce plutôt que d'un processus ontogénétique d'apprentissage.

L'innéité comme primitivité psychologique

Il est alors tentant d'opérer une partition qui place l'innéité du côté de la biologie et l'apprentissage du côté de la psychologie. C'est précisément ce que propose Samuels (2002) en définissant l'innéité comme primitivité psychologique : une structure est « psychologiquement primitive » quand elle est posée par une théorie psychologique correcte, et que son acquisition ne trouve aucune explication au sein de cette théorie mais peut recevoir une explication biologique, chimique, physique. En d'autres termes, ce qui est inné est ce qui est inexplicable par des processus cognitifs ou psychologiques. À l'inverse, ce qui est appris est ce qui est explicable par des processus cognitifs ou psychologiques. Si un trait est appris, il n'est pas psychologiquement primitif. En disant qu'une structure cognitive est innée si et seulement si elle est primitive psychologiquement, Samuels s'inspire de la position de Fodor (1998a). Un processus primitif est un processus arbitraire et automatique qui ne passe par aucun état psychologique, et qui n'implique aucun traitement cognitif de l'information. Par exemple, la maturation ou l'activation d'un concept primitif est un processus purement biologique.

La psychologie a donc recours à la biologie (à la neurologie ou à la physiologie) : l'inné est conçu comme ce dont l'explication est biologique. Un contre exemple est toutefois possible, envisagé par Fodor lui-même (1998a) : le cas d'une pilule dont l'ingestion procurerait à celui qui l'ingère une connaissance immédiate du latin, par exemple. Afin que cet exemple ne soit pas considéré comme un cas de connaissance innée alors même que le mode d'acquisition n'est pas susceptible d'être expliqué par un mécanisme psychologique, Samuels ajoute une contrainte supplémentaire sur la qualification d'un trait comme « inné » : le développement du trait en question doit être normal. En résumé, selon le primitivisme, un trait est inné si et seulement si (i) aucune théorie psychologique n'est capable d'expliquer son acquisition et (ii) son développement est normal[48].

LES IDÉES INNÉES, PRODUITS DE L'ÉVOLUTION

L'émancipation de l'innéisme vis-à-vis de son ancrage métaphysique se manifeste par le fait que la théorie de l'évolution est devenue pour certains une référence incontournable. Si Chomsky et Fodor ont émis un certain nombre de réserves concernant l'approche évolutionnaire de l'esprit, celle-ci est prônée par de nombreux chercheurs qui s'inscrivent alors dans la lignée de l'éthologue Konrad Lorenz. Ceux-ci considèrent le bagage mental inné spécialisé et génétiquement spécifié que possèderait tout être humain comme un ensemble d'adaptations biologiques.

La psychologie évolutionniste

Cette idée est à l'origine de la psychologie évolutionniste apparue dans les années 1980 aux États-Unis. Les psychologues évolutionnistes (comme Tooby, Cosmides, Dawkins ou Pinker) prennent appui sur les travaux des psychologues cognitivistes, des biologistes et des anthropologues pour expliquer la structure de l'esprit humain à l'aide de la connaissance et des principes de la théorie de l'évolution. Ce faisant, ils reprennent à leur compte la conception de Lorenz qui considérait les instincts innés comme des adaptations biologiques (Lorenz, 1965). En particulier, le psychologue Steven Pinker (1997) défend l'existence d'un « instinct du langage », véritable adaptation biologique pour la communication entre les membres de l'espèce humaine. De façon générale, selon la psychologie évolutionniste, le système cognitif est composé de centaines, voire de milliers de modules innés spécialisés dans la résolution d'un certain type de tâches pour lesquelles ils ont été spécifiquement recrutés par la sélection naturelle. Ces tâches reflètent des problèmes adaptatifs, ces problèmes dont la résolution a conditionné

48 La question se pose néanmoins de savoir ce qu'est un développement normal, ce que Samuels reconnaît lui-même.

la survie et la reproduction (ou *fitness*) de nos ancêtres. Par exemple, le système de reconnaissance des visages fonctionnerait grâce à des réseaux neuronaux très spécifiques, produits par l'interaction de l'environnement et de gènes sélectionnés au cours de l'histoire de manière à extraire les informations les plus pertinentes pour la survie et la reproduction de l'espèce (émotion, santé, âge, etc.). Selon cette théorie, tous les modules mentaux sont des adaptations biologiques.

Le principal argument utilisé par la psychologie évolutionniste repose sur l'organisation complexe de l'esprit, son *design* fonctionnel. Les multiples capacités de l'esprit n'ont pu être forgées par des processus simplement hasardeux mais elles résultent vraisemblablement de l'action de la sélection naturelle, en vertu du caractère cumulatif de ses opérations. Parce que la sélection naturelle ne sélectionne que des traits spécifiques, l'évolution de mécanismes généraux paraît peu plausible. Plus précisément, les psychologues évolutionnistes adoptent un raisonnement nommé « ingénierie inversée[49] » : il s'agit, en premier lieu, d'identifier les problèmes adaptatifs auxquels nos ancêtres chasseurs-cueilleurs ont été confrontés, puis d'élaborer des mécanismes psychologiques aptes à les résoudre[50].

La psychologie évolutionniste voit le processus de l'évolution par sélection naturelle comme un ingénieur habile. Si les humains ont été confrontés à certains problèmes dans l'environnement ancestral, alors notre espèce a dû développer certains mécanismes de contrôle du comportement pour résoudre ces problèmes. Par exemple, le module de théorie de l'esprit est considéré comme une solution au problème de l'inférence des intentions des autres congénères. Il est certain que savoir détecter les intentions d'autrui est un avantage pour la survie et la reproduction, en particulier dans les situations de compétition pour trouver un partenaire ou des ressources. Ainsi poser l'existence d'un module inné de la théorie de l'esprit revient-il à dire que notre esprit est spécialisé dans le traitement de l'esprit d'autrui, c'est-à-dire qu'il est l'objet d'un câblage neuronal et est recruté par la sélection naturelle pour remplir une tâche complexe utile à notre survie et reproduction[51].

---

49 Sterelny, 2003.

50 Cosmides et Tooby, 1997. Selon ces auteurs, c'est durant le Pléistocène – qui se caractérise par une stabilité environnementale – que la plupart de nos adaptations biologiques se sont constituées.

51 Cette approche a été critiquée par sa tendance à être adaptationniste, en inférant systématiquement de l'utilité actuelle d'une fonction son histoire évolutive. Il convient ainsi de

Autrement dit, la complexité de la résolution des problèmes adaptatifs semble avoir exigé l'évolution d'un nombre important de mécanismes innés spécialisés pour les résoudre.

Chomsky, Fodor et l'évolution

Si Chomsky et Fodor ne remettent jamais en question l'idée selon laquelle l'innéité se définit génétiquement, ils émettent néanmoins des réserves vis-à-vis d'une histoire évolutive précise des facultés de l'esprit. Ils dénoncent en effet tous deux le risque d'adaptationnisme inhérent à la conception qui fait de la faculté innée de langage une adaptation biologique, façonnée par la sélection naturelle[52]. L'adaptation désigne un trait qui a été sélectionné face à des traits moins avantageux dans un environnement donné pour remplir la fonction qu'il réalise actuellement. En ce sens, l'adaptation fait référence à l'histoire de ce trait et apparaît comme un produit nécessaire de la sélection naturelle. Mais certains confondent ce sens technique avec un sens plus vague d'adaptation, comme ce qui améliore la survie et reproduction actuelles de son porteur[53]. Dans ce cas, le terme d'« adaptation » ne présume plus de l'origine d'un trait mais se borne à constater son efficacité présente.

C'est bien une confusion entre les deux sens du terme « adaptation » qui se trouve au cœur de la dérive adaptationniste. L'adaptationnisme présuppose que tous les traits sont établis par sélection naturelle directe de la solution optimale à un problème posé par l'environnement. Ce faisant, il rend l'histoire évolutive insignifiante en réduisant la relation de l'organisme avec l'environnement à une quête ponctuelle d'optimalité[54]. Or, à strictement parler, ne sont des adaptations biologiques que les traits qui ont émergé par le processus de la sélection naturelle et non par des bénéfices fortuits[55].

---

distinguer deux types de psychologie évolutionnaire, l'une adaptationniste et modulariste ; l'autre plus modeste et, sans doute, plus rigoureuse. Voir Poirier *et al.*, 2005 ; Buller, 2005.

52 Chomsky, 1980 ; Chomsky, 2005 ; Fodor, 2008 ; Fodor et Piatelli-Palmarini, 2011.

53 Gould et Lewontin, 1979.

54 C'est la tradition que Voltaire raillera dans son *Candide* sous l'incarnation du docteur Pangloss : le programme adaptationniste est ainsi qualifié ironiquement par Gould et Lewontin (1979) de « paradigme panglossien » puisqu'il affirme la quasi toute-puissance de la sélection naturelle dans la fabrication du *design* organique et dans la construction du meilleur parmi les mondes possibles.

55 Sober, 1994.

Il existe donc une distinction entre la sélection naturelle d'un trait, qui fait de lui une adaptation biologique, et l'amélioration de la survie et reproduction de l'organisme que la possession d'un trait peut provoquer[56]. Par conséquent, un trait peut être une adaptation tout en échouant à être adaptatif dans le présent ; à l'inverse, un trait peut être adaptatif sans être une adaptation, c'est-à-dire sans avoir été sélectionné pour l'avantage actuel qu'il confère à son porteur. L'utilité peut exister en dehors du processus adaptatif et une nouvelle fonction peut émerger sans modifier la forme du trait. Gould et Vbra (1982) définissent alors deux types de changement de fonction. Les « tympans » (*spandrels*) sont les caractères qui, ne possédant aucune fonction initialement, en acquièrent une. L'effet utile est la conséquence de la nécessité de leur forme générale. Les « exaptations » (*exaptation*) ont évolué initialement pour d'autres fonctions et se trouvent cooptées pour leur rôle actuel.

Ainsi, l'occasion pour laquelle une fonction est recrutée ne saurait nous renseigner sur la nature de la faculté susceptible de remplir cette fonction[57]. Toutes les capacités mentales, bien qu'elles soient utiles et confèrent des avantages certains en termes de survie et de reproduction, n'ont donc pas forcément été sculptées par la sélection naturelle ; elles peuvent aussi bien être des propriétés qui émergent accidentellement à partir de contraintes anatomiques. C'est ce que souligne Chomsky :

> La théorie de l'évolution est instructive à propos de nombreuses choses mais elle n'a que très peu à dire à présent sur les questions de cette nature [l'évolution du langage]. Les réponses pourraient bien résider non pas tant dans la théorie de la sélection naturelle que dans la biologie moléculaire, dans l'étude des types de systèmes physiques qui peuvent se développer sous les conditions de vie sur terre et ce, ultimement à cause des principes physiques. (Chomsky, 1988, p. 167.)

Fodor va encore plus loin en affirmant que les explications sélectionnistes échouent à être de véritables explications. Son argument est que la distinction qu'opère Eliott Sober entre l'adaptation (l'histoire évolutive d'un trait) et l'amélioration présente de la survie et reproduction est finalement impossible à faire. Les traits sélectionnés étant toujours accompagnés d'autres traits, comment savoir lesquels en particulier ont

56 Sober, 1984.
57 Buller, 2005 ; Forest, 2010.

été sélectionnés ? Si l'on ne peut douter, par exemple, que la chasse aux mouches par les grenouilles améliore leur survie et reproduction, il reste néanmoins difficile d'affirmer, de façon définitive, qu'il s'agit d'une adaptation biologique. Selon Fodor, on ne pourra jamais savoir si la sélection naturelle n'a pas en réalité sélectionné des grenouilles capables d'attraper n'importe quel point mobile noir environnant, puisqu'il se trouve que dans l'environnement normal des grenouilles, les points mobiles noirs sont des mouches. Parce qu'il y a toujours plusieurs traits liés entre eux qui sont corrélés à l'augmentation de la survie et reproduction de l'organisme, tous pourraient être, au même titre, considérés comme des adaptations. Autrement dit, la sélection naturelle serait incapable de faire la distinction entre des traits coextensifs localement[58].

Contrairement à Fodor, Chomsky a néanmoins eu le souci grandissant d'assurer la continuité de sa position avec la biologie de l'évolution. La transformation de sa théorie au fil des années (le passage à la théorie des principes et des paramètres et au programme minimaliste) va dans le sens d'une prise en compte de plus en plus systématique et approfondie de l'évolution de la faculté de langage et des mécanismes cérébraux qui la sous-tendent. Ainsi, si Chomsky ne considère pas la faculté innée de langage comme une adaptation biologique pour la communication, il a défendu, dans ses travaux les plus récents, l'idée qu'elle est le sous-produit de contraintes biologiques[59]. Selon cette conception, l'apparition du langage provient d'une réorganisation du cerveau due à une mutation génétique à l'origine de l'émergence d'*homo sapiens*. Elle serait ainsi le fruit d'une spéciation[60].

L'INNÉISME CONTEMPORAIN, UNE INTERFACE PLURIDISCIPLINAIRE

L'innéisme, au cœur de la révolution cognitive

Chomsky est à la fois celui qui a remis l'innéisme au goût du jour et l'un des protagonistes de ce que l'on a appelé la « révolution cognitive » qui a pris place dans les années 1960. La révolution cognitive se

58 Fodor, 2008 ; Fodor et Piatelli-Palmarini, 2011.

59 Hauser *et al.*, 2002 ; Fitch *et al.*, 2005. Ces articles ont suscité une controverse avec Pinker et Jackendoff (Pinker et Jackendoff, 2005 ; Jackendoff et Pinker, 2005. Pour une analyse détaillée de ce débat, voir Blitman, 2015.

60 Blitman, 2015.

caractérise par la volonté systématique d'utiliser les nouvelles données des sciences pour comprendre l'esprit. En particulier, depuis la critique radicale qu'a fait Chomsky du béhaviorisme de Skinner, la psychologie cognitive est mobilisée dans la discussion des problèmes philosophiques. La révolution cognitive a modifié aussi la façon de concevoir les propriétés mentales dont le caractère interne n'empêche plus l'étude objective.

Dans ce contexte, l'innéisme est apparu comme l'hypothèse unificatrice des différentes données scientifiques, celle qui permet de rassembler les données des sciences cognitives avec les données de la biologie. Chomsky, en concevant la faculté innée de langage comme une capacité biologiquement déterminée, fonde une approche biolinguistique qui a explicitement pour but d'articuler la linguistique et la biologie afin de produire une compréhension scientifique de la faculté humaine de langage. Des tâches précises et complémentaires sont alors assignées à ces deux disciplines : si la linguistique permet de spécifier la compétence langagière, la biologie permet d'en penser la réalisation physique. Dans la même veine, l'innéisme de Fodor considère que les concepts sont neurologiquement inscrits dans le cerveau et les notions de « module inné » ou de « théorie naïve innée » permettent de mettre en lien des disciplines aussi variées que la psychologie cognitive, l'anthropologie cognitive, la psychologie du développement, l'étude des pathologies, l'éthologie cognitive, la théories de l'évolution et les neurosciences[61].

L'expansion de la recherche contemporaine à partir de la seconde moitié du XXe siècle a ainsi permis d'étoffer abondamment les thèses innéistes. L'essor sans précédent qu'a connu la psychologie en est peut-être le meilleur exemple. Le développement de la psychologie cognitive et développementale a permis de modifier grandement la manière d'appréhender l'apprentissage et l'esprit de l'enfant : si, au début du XXe siècle, l'esprit du nourrisson est considéré comme une *tabula rasa*, l'émergence d'un nouveau paradigme expérimental en psychologie du développement transforme cette approche[62]. Aujourd'hui des informations de plus en plus précises sur les compétences cognitives de l'enfant – qui se révèlent bien plus complexes que ce que l'on croyait jusqu'à présent – sont disponibles.

61 Pacherie, 1993.
62 Christophe, 2002.

En outre, il convient de souligner le caractère heuristique des théories innéistes. Si les nouvelles données scientifiques ont indéniablement permis de poser la question du bagage cognitif inné d'une façon neuve, la réflexion philosophique parallèle sur l'innéité a pu offrir en retour des pistes de recherche fructueuses pour les différentes sciences. L'usage répété de l'argument chomskyen de la pauvreté du stimulus a ainsi fortement stimulé l'étude contemporaine du développement cognitif des nouveau-nés[63]. La notion de « connaissance tacite » introduite par Chomsky (1971) a été d'une importance capitale dans l'évolution des sciences cognitives. L'une des idées centrales de la psychologie cognitive est en effet que la cognition relève d'un niveau intermédiaire entre le niveau d'explication du sens commun et celui des explications causales physiologiques. Le mentalisme associé à l'innéisme – l'idée selon laquelle les états mentaux sont internes – a permis aux sciences cognitives de développer la comparaison de l'esprit-cerveau à un ordinateur en considérant que l'esprit a des représentations mentales analogues aux structures de données informatiques et des procédures computationnelles similaires aux algorithmes computationnels. Pour explorer la nature de l'esprit, de ses représentations et de ses computations, les sciences cognitives ont ainsi mené des expérimentations psychologiques et forgé des modèles computationnels. La linguistique transformationnelle créée par Chomsky a ainsi fortement renouvelé la linguistique et les débats qui l'animent.

Les « preuves » neuropsychologiques des idées innées

Dans le recours systématique aux sciences que fait l'innéisme contemporain pour étayer ses thèses, les données de la neuropsychologie apparaissent particulièrement intéressantes. Voici trois arguments innéistes typiques s'appuyant sur ces données et qui concluent à l'innéité de la faculté de langage. Des arguments similaires ont été développés pour les autres domaines cognitifs.

– L'argument des désordres génétiques

L'assise génétique de l'innéité a permis de convoquer des données provenant d'enfants, d'adolescents et d'adultes atteints de syndromes génétiques

63 Jacob, 2010.

(tels que les troubles spécifiques du langage) en faveur de l'innéité du langage. L'argument consiste à inférer d'un syndrome génétique, c'est-à-dire de la correspondance entre la présence d'un gène et la déficience d'une faculté mentale, l'innéité de cette dernière. La présence d'un gène responsable de la déficience d'une fonction cognitive prouve, au yeux de certains innéistes, que celle-ci est génétiquement spécifiée et innée. Pour exemple, il y a quelques années, on a découvert une famille anglaise dont plusieurs membres présentaient un trouble du langage, décrit comme ne touchant que les fonctions grammaticales. Les chercheurs ont alors identifié une copie mutée d'un gène situé sur le chromosome 7 (le gène FOXP2) dont la transmission héréditaire paraît nécessaire et suffisante pour produire le déficit. Comme la transmission du déficit semblait monogénique et autosomique dominante, la psychologue Gopnik (1990) en a conclu l'existence d'un « gène de la grammaire », support de la grammaire universelle innée.

– L'argument de la double dissociation

La double dissociation d'une fonction cognitive – sa déficience au sein d'un contexte normal et son intégrité préservée au sein d'un contexte déficient – est considérée, par certains innéistes, comme la preuve de son innéité. Ce sont les syndromes génétiques à nouveau qui sont convoqués pour mettre en évidence les dissociations de certaines facultés[64]. Les personnes dysphasiques, par exemple, présentent des difficultés de langage associées à des capacités intellectuelles normales par ailleurs. Inversement, les personnes atteintes d'un handicap mental peuvent garder, dans certains cas, une capacité à apprendre le langage quasiment intacte. Par exemple, le syndrome de Williams implique un profil cognitif tel que les capacités langagières sont bien meilleures que les capacités non-verbales (comme les aptitudes sensorimotrices et la connaissance spatiale)[65].

– L'argument de la localisation cérébrale

La recherche de bases biologiques de l'innéité s'est appuyée sur celle d'un substrat neuronal grâce au développement des neurosciences

64 Les dissociations peuvent également être constatées sur des adultes qui subissent des lésions au cerveau, chez des adultes atteints de traumatisme crânien ou d'accident vasculaire cérébral, mais qui ont eu auparavant un développement normal.

65 Karmiloff-Smith, 1992.

cognitives. Les techniques d'imagerie cérébrale[66] ont permis d'observer ce qui se passe dans différentes parties du cerveau quand les sujets réalisent des tâches mentales. Elles ont également permis d'enregistrer le fonctionnement du cerveau de patients dont le cerveau a été endommagé de différentes manières. La localisation d'une fonction cognitive dans une aire cérébrale spécifique est alors considérée, par certains innéistes, comme une preuve de son innéité.

Cet argument repose sur l'idée selon laquelle les modules innés possèdent des structures cérébrales repérables : ils sont localisés dans le cerveau et correspondent à des circuits neuronaux spécifiques. Un réseau de zones cérébrales dédié au langage a ainsi été identifié dans la partie temporale de l'hémisphère gauche, chez la grande majorité des êtres humains, d'abord grâce à des données provenant de l'étude de patients ayant subi une lésion cérébrale, puis, plus récemment, grâce aux données d'imagerie cérébrale[67]. Plus précisément, les lésions situées dans l'aire de Broca (cortex frontal inférieur gauche) mènent à des difficultés dans la production du discours (dans l'articulation, la segmentation des sons et la production de phrases), tandis que les lésions dans l'aire de Wernicke (cortex temporal supérieur postérieur gauche) sont responsables de déficiences dans la perception et la compréhension du discours[68]. Ces observations ont mené à l'affirmation que l'aire de Broca est spécialisée dans l'exécution du langage et que l'aire de Wernicke est dédiée à la perception et la compréhension du langage[69]. Grâce à la technique de résonance magnétique fonctionnelle récemment exploitée sur les nouveau-nés, on a pu observer en outre, dès l'âge de trois mois, la spécialisation de l'hémisphère gauche pour les sons de parole : les nourrissons traitent les données linguistiques en recrutant les mêmes aires cérébrales que les adultes[70]. Pour les innéistes, ces données plaident en faveur de l'existence d'un organe inné du langage.

---

66 Comme la caméra à émission de positons et la résonance magnétique fonctionnelle.

67 Christophe, 2002.

68 Forest, 2005.

69 Cette affirmation s'est faite en dépit de certaines preuves incohérentes : les aphasiques de Broca montrent également des déficits dans la compréhension de certaines structures syntaxiques, comme les structures passives (Valerie Shafer et Karen Garrido-Nag, « The Neurodevelopmental Bases of Language », in *Blackwell Handbook of Language Development*, Hoff, E. et Shatz, M. (edit.), Blackwell Publishing, 2007, p. 21-45.

70 Dehaene-Lambertz *et al.*, 2002.

LA CONTROVERSE CONTEMPORAINE SUR LES IDÉES INNÉES

Le succès de l'innéisme ne l'a pas empêché d'être vivement critiqué, et ce dès son apparition[1]. La controverse porte en particulier sur la notion problématique de contenu inné, sur le caractère coûteux de l'innéisme et sur la question de sa scientificité.

LE STATUT ONTOLOGIQUE DU CONTENU INNÉ

L'innéisme contemporain requiert l'existence d'une connaissance tacite constituée d'états représentationnels subpersonnels. Il revient à attribuer à l'esprit un contenu à un niveau subpersonnel et donc indépendant des concepts possédés consciemment par l'individu. L'un des sujets centraux de la controverse contemporaine concerne alors cette notion de « contenu inné » qui apparaît, pour certains, comme un terme oxymorique : comment peut-on attribuer à l'esprit un contenu cognitif sans qu'il soit conscient de le posséder, ou avant toute expérience, voire indépendamment de toute information tirée de l'environnement ?

L'IMPOSSIBILITÉ D'UN CONTENU INNÉ

Le défi de Quine

D'après Chomsky, l'hypothèse de la grammaire universelle est à la fois adéquate pour la description du comportement linguistique (elle

1 Voir le débat qui opposent Piaget, Putnam, Chomsky et Fodor retranscrit dans Piattelli-Palmarini, 1979.

permet d'engendrer les phrases grammaticalement correctes de n'importe quelle langue) et adéquate pour l'explication de la manière dont l'enfant parvient à la maîtrise de sa langue[2]. Or, selon Quine (1970), la grammaire universelle, si elle est une description parfaitement adéquate du comportement linguistique, ne coïncide pas nécessairement avec une connaissance réelle des règles grammaticales que l'enfant possèderait effectivement. Car la pertinence de la description n'implique pas la réalité psychologique de ce qui est décrit. Autrement dit, si une grammaire est une bonne description du comportement verbal, cela ne signifie pas qu'elle le guide réellement ou qu'elle en soit la cause réelle.

Pour exprimer cette idée, Quine (1970) établit une distinction entre « être conforme à » des règles et les « suivre effectivement ». Selon lui, il n'est pas possible d'être guidé par des règles que l'on ne connaît pas de façon consciente ni réflexive. « Correspondre » est une question de description vraie ; « guider » est une question de cause et d'effet. Le comportement « correspond » à une règle à chaque fois qu'il s'y conforme ; à chaque fois que la règle décrit réellement le comportement. Mais le comportement n'est pas « guidé » par la règle à moins que l'agent ne connaisse la règle et puisse l'énoncer. Quine fait aussi remarquer qu'il existe plusieurs grammaires susceptibles de rendre compte du comportement verbal observé, c'est-à-dire des grammaires qui sont équivalentes dans leur extension empirique. Et selon lui, aucune donnée empirique ne permet de trancher en faveur de l'une d'entre elles. Comme le souligne Jacob (1989, p. 63) :

> Le point fondamental de désaccord entre Quine et Chomsky réside donc dans la conception des données empiriques jugées acceptables pour départager deux grammaires génératives concurrentes ou pour justifier l'imputation à un locuteur idéal de la connaissance tacite d'une grammaire particulière parmi toutes les grammaires extensionnellement équivalentes.

Pour Chomsky en revanche, il existe des faits capables de trancher entre les différentes grammaires extensionnellement équivalentes : ce sont les intuitions que les locuteurs natifs d'une langue ont (sans pour autant en avoir conscience) sur la grammaticalité des énoncés appartenant à leur langue et que les linguistes peuvent rendre manifestes à travers certaines expériences. Par exemple, tout locuteur de l'anglais connaît

---

2 Chomsky, 1971.

la règle de la formation des réciproques qui préside à la construction de la phrase suivante (Chomsky, 1985, p. 44) :

(1) *The men saw each other*

Quiconque connaît l'anglais sait que l'antécédent de *each other* n'est pas le syntagme nominal pluriel le plus proche et donc que (2) n'est pas une phrase bien formée :

(2) *The candidates wanted me to vote for each other*

Dans le modèle chomskyen, parce qu'il n'y a pas de généralisation inductive possible, ni d'instruction explicite dans l'environnement linguistique, ni d'expérience décisive et que néanmoins les enfants ne forment pas spontanément (2), ceux-ci doivent posséder une connaissance innée de la grammaire universelle, responsable de leurs jugements intuitifs de grammaticalité.

Pour Quine (1970) cependant, les seuls faits pertinents susceptibles de trancher entre des grammaires extensionnellement équivalentes se limitent au comportement verbal observable ou aux dispositions du locuteur à un comportement observable dans des circonstances manifestes précises. Les locuteurs eux-mêmes ne semblent pas conscients des règles qu'ils utilisent, ce que Chomsky reconnaît. Mais selon Quine, on ne peut considérer les jugements intuitifs de grammaticalité comme des faits, alors même qu'ils restent ignorés des locuteurs qui sont censés les posséder. Certaines recherches semblent donner raison à Quine en ce qu'elles ont montré que ni les enfants ni les adultes ne peuvent fournir systématiquement des explications métalinguistiques des contraintes du discours (Tomasello, 1995). Les universaux linguistiques définis par Chomsky ne pourraient être que des artefacts dus à la traduction en anglais des autres langues. Celle-ci fait en effet nécessairement intervenir une structure sujet-prédicat, qui peut donner l'impression que cette dernière est présente potentiellement dans toutes les langues. Pour véritablement établir la structure sujet-prédicat comme un universel linguistique, il faudrait pouvoir s'appuyer sur un critère comportemental non équivoque.

On trouve une version de cette critique chez de nombreux philosophes qui dénoncent la confusion entre la théorie du linguiste, véritable abstraction scientifique, et la grammaire possédée réellement par le locuteur[3]. Pour Stich (1972), considérer que le locuteur connaît réellement les règles grammaticales serait aussi absurde que d'attribuer une connaissance des lois de la physique à un projectile sous prétexte qu'elles prédisent son comportement. S'il est certes plus probable que la connaissance de la grammaire soit « située » dans l'esprit plutôt que « dans le pied[4] », la réalité mentale de la grammaire universelle ne va pas de soi. Selon cette critique, la charge de la preuve revient donc à celui qui identifie la connaissance de la grammaire à des principes biologiques présents dans l'esprit. Dans les termes de Putnam :

> [L]a grammaire d'une langue est une propriété de la langue mais non pas une propriété du cerveau de l'*homo sapiens*. (Putnam, 1979, p. 418.)

Pour Devitt et Sterelny (1987), les langues sont des objets réels du monde que l'on peut étudier empiriquement de la même manière que tout autre objet culturel, comme les religions ou l'économie. Elles ne reflètent donc pas forcément la structure de l'esprit qui permet l'acquisition du langage. Autrement dit, selon ces auteurs, la linguistique ne doit pas être considérée comme une branche de la psychologie, contrairement à ce que prétend Chomsky[5].

Connaissance tacite et connaissance innée

En outre, la question se pose de savoir dans quelle mesure une connaissance tacite, c'est-à-dire infrarationnelle ou subintentionnelle peut être considérée comme une connaissance véritable[6]. La notion chomskyenne de *cognizance* paraît en effet difficile à saisir. Selon Fiona Cowie (1999, p. 274) :

> [P]ersonne – y compris, dirais-je, Chomsky lui-même – n'a la moindre idée de ce que la *cognizance* d'une grammaire pourrait bien être, ou de quelle manière elle pourrait bien être impliquée dans l'usage et la compréhension des langues que nous parlons.

3 Stich, 1972 ; Devitt et Sterelny, 1987 ; Cowie, 1999.
4 Chomsky, 2003, p. 283.
5 Cowie, 1999.
6 Engel, 1996.

En fait, connaissance innée et connaissance tacite ne semblent pas se recouper totalement. Le « savoir comment », par exemple, implique un type de connaissance tacite non innée. Selon Philip Kitcher (1978), il est difficile de maintenir le terme de « connaissance » à la fois pour la connaissance tacite et pour la connaissance innée. Si l'on définit la connaissance comme une croyance justifiée, il faudrait, dans le cas de la connaissance innée, attribuer au locuteur des éléments antécédents de connaissance qui puissent servir comme prémisses d'un raisonnement qui le mène à un jugement de grammaticalité. Or, ce qui rend une connaissance innée, c'est précisément l'absence d'éléments qui lui sont antérieurs. Kitcher (1978) fait ainsi valoir le dilemme auquel se trouve confronté un innéiste lorsqu'il parle de « connaissance innée » : soit il accepte le terme de « connaissance tacite » comme une croyance justifiée et le cas de la connaissance innée devient problématique. Soit la connaissance tacite n'existe pas.

Une solution pourrait être de rejeter l'idée selon laquelle la connaissance requiert une justification. Le caractère problématique de la définition traditionnelle de la connaissance comme croyance justifiée a été fréquemment souligné[7]. Pour cette raison, l'externalisme épistémologique propose d'adopter une définition fiabiliste de la connaissance : pour pouvoir dire qu'elle est une vraie connaissance, une croyance doit émerger à partir d'un processus fiable de formation[8]. Autrement dit, les croyances sont justifiées si elles sont formées par un processus qui généralement produit des croyances vraies. On pourrait alors appliquer cette définition à la notion de « connaissance innée ». C'est ce que tente de faire le philosophe Stich (1975) en proposant une distinction entre croyances innées et croyances non innées à partir de l'origine de l'information qui participe à leur formation : les premières sont celles que nous sommes capables de formuler par nous-mêmes à partir des concepts que nous donne l'expérience et les secondes tirent toute l'information de l'expérience. Mais la conception fiabiliste de la connaissance innée fait de celle-ci une connaissance *a posteriori* qui, par conséquent, devient difficile à distinguer de la connaissance acquise[9].

7 Les problèmes de Gettier montrent qu'une croyance vraie et justifiée ne suffit pas à constituer une connaissance.

8 Jacob, 2010.

9 Carruthers, 1992.

Qu'est-ce qu'un concept inné ?

Certains auteurs pointent les difficultés de la position de Fodor sur l'innéité des concepts en soulignant son incompatibilité avec l'externalisme qui affirme que le contenu mental nécessite pour sa formation une relation aux objets de l'environnement[10]. Pour Fodor (1998a), rappelons-le, l'acquisition des concepts n'est pas conçue comme un processus cognitif ni rationnel. Il s'agit d'un processus automatique et arbitraire qui relève de la neurologie ou de la physiologie. Or, comme le dit Kim Sterelny (1989), si le processus d'activation d'un concept est déclenché par des instances particulières de l'expérience, l'acquisition d'un concept doit bien être le résultat d'une interaction causale avec ces instances :

> Si les concepts sont acquis par un mécanisme non rationnel, pourquoi sont-ils si souvent acquis via une interaction avec des éléments qui relèvent de leur extension ?

En d'autres termes, pourquoi donc acquérons-nous le concept POIGNÉE DE PORTE précisément lors d'une exposition à des poignées de porte ? C'est bien, selon Sterelny, parce que la relation entre les instances de poignées de porte et le concept POIGNÉE DE PORTE n'est pas arbitraire ! L'acquisition des concepts ne peut être qu'un processus cognitif. Sterelny critique alors l'analogie que propose Fodor entre l'acquisition des concepts et l'empreinte biologique chez le canard. L'acquisition des concepts est bien plus complexe d'un point de vue cognitif : les concepts peuvent s'acquérir de multiples manières, non pas seulement en étant exposés à leurs référents ou par un simple contact perceptif, mais aussi à l'occasion de mots, de diagrammes, de modèles, d'images ou encore par l'intermédiaire de croyances médiatrices. Le même concept peut être acquis de différentes manières. Par exemple, les tigres peuvent être décelés aussi bien par l'ouïe que par l'odorat. Sterelny remarque enfin que le pur contact perceptif ne suffit pas pour acquérir un concept. Il est donc, selon lui, abusif d'attribuer au canard le concept de MÈRE. L'acquisition de la plupart de nos concepts est un processus cognitif qui requiert une véritable théorie causale descriptive et non une simple théorie des relations nomologiques esprit-monde[11].

10 Sterelny, 1989 ; Cowie, 1999.
11 Voir aussi Devitt et Sterelny, 1987.

Dans la même veine, Cowie (1999) soulève les difficultés de la position fodorienne en ces termes : qu'est-ce que cela signifie pour un concept d'être « inné » s'il a besoin d'une stimulation externe pour être activé en tant que concept ? Quel peut être son statut dans l'esprit avant toute expérience ? Si les propriétés sémantiques du concept sont contenues dans sa référence qui est elle-même déterminée par sa relation avec le monde, alors le « concept » qui sera déclenché par l'expérience n'est pas individué par son contenu avant l'expérience. En quoi s'agit-il donc effectivement d'un concept ? Pourrait-on dire qu'il s'agit d'un « protoconcept », une espèce d'objet préexistant qui ressemble à un concept ? Mais les « protoconcepts » ne sont pas activés. Ils ne sont pas causalement connectés avec quelque chose dans le monde. Ils ne sont donc pas individués par leur contenu. En conséquence, selon Cowie, ils ne ressemblent en rien à des concepts. En un mot, si l'essence d'un concept résulte d'une relation non arbitraire, sémantiquement constitutive entre lui et le monde, un concept non actualisé (comme un concept inné) ne peut être un véritable concept.

L'INNÉISME DISPOSITIONNEL

En réalité, les innéistes contemporains, lorsqu'ils parlent de connaissance innée ou tacite, adhèrent à une conception que l'on peut qualifier, à l'instar des conceptions cartésienne et leibnizienne, de dispositionnelle. Ils ne considèrent pas, à strictement parler, que l'on puisse attribuer à l'esprit un contenu inné avant l'expérience ni indépendamment d'elle.

Des structures de l'esprit

Selon Chomsky, la connaissance innée de la grammaire universelle, la *cognizance*, désigne une structure de l'esprit qui rend possible l'apprentissage du langage. Elle est représentée dans le cerveau sous une forme qui nous est encore inconnue mais elle fait partie de nos capacités et dispositions. Chomsky nous rappelle que dans l'histoire, ces types de structures ont été appelés des « dispositions innées[12] ». Il fait référence à cet égard à l'analogie cartésienne de la maladie et à la comparaison leibnizienne avec le marbre[13]. Il cite également la distinction leibnizienne

12 Hauser *et al.*, 2002.
13 Chomsky, 1971 ; Chomsky et Katz, 1975.

entre les pouvoirs passifs, indéterminés et les dispositions actives et déterminées[14]. Les dispositions mentales innées ont un contenu déterminé qui est activé à l'occasion de stimulations externes appropriées. C'est exactement dans le même sens que la grammaire universelle doit être considérée comme innée. Elle est une disposition à acquérir une certaine compétence. Elle tolère donc des exceptions au sens où elle n'est pas présente dès la naissance et peut être absente si les conditions de son actualisation ne sont pas réunies.

Il faut néanmoins bien distinguer la notion innéiste de « disposition » de la notion béhavioriste, qui trop liée au comportement et à l'utilisation de la langue, nous détourne de l'examen de la nature de l'esprit. On le sait, Chomsky rejette fortement la définition béhavioriste du langage comme un complexe de dispositions comportementales[15]. L'explication en termes d'« habitudes », de « dispositions comportementales » des capacités cognitives humaines reste pour lui insuffisante. Il est nécessaire de postuler certains principes abstraits et en partie universels gouvernant le phénomène d'acquisition de la connaissance[16]. C'est alors pour éviter une telle confusion avec la disposition comportementale que Chomsky lui préfère le terme de « structure ». Le terme de « disposition » garde, selon lui, une connotation empiriste irréductible et malencontreuse. Comme il le dit dans ses *Réflexions sur le langage* :

> Il existe dans la philosophie analytique moderne une tendance à employer la notion de « disposition » ou de « capacité » là où le concept plus abstrait de « structure cognitive » est, je crois, plus approprié. (Chomsky, 1981, p. 34.)

On trouve également cette notion de structures dispositionnelles de l'esprit chez les modularistes. Selon Atran et Medin (2008), le module inné de biologie naïve est une structure biologique qui, en tant que telle, oriente le développement mais ne le détermine pas : elle le « canalise ». Ils citent les travaux du biologiste Waddington à l'appui de cette idée. Waddington a illustré le développement de l'organisme par la trajectoire d'une balle sur une surface composée de montagnes et de vallées[17]. C'est

14 Chomsky, 1971.

15 Chomsky, 1981.

16 Chomsky, 2001.

17 Conrad Waddington, « Canalisation of Development and the Inheritance of Acquired Characters », *Nature*, 150, 1959, p. 563-565.

ce qu'il nomme le « paysage épigénétique ». Les structures de l'esprit appartiennent à ce paysage : elles influencent les types de phénotypes que l'organisme peut développer, sans pour autant déterminer leur forme précise. Plus précisément, dans le « paysage épigénétique » de Waddington (1959), l'effet d'une modification de ces ressources dépend de l'état du paysage tout entier : certains changements n'ont pas d'effet (ceux qui produisent les crêtes des montagnes) quand d'autres ont des effets massifs (ceux qui creusent les vallées). L'impact phénotypique d'un changement environnemental n'est donc pas proportionnel à sa magnitude mais dépend de la structure du système développemental (la forme du paysage). La canalisation est alors le degré auquel le processus développemental est lié à la production d'un état final particulier, en dépit des fluctuations environnementales[18]. Voici ce qu'il faut donc entendre pas « structure mentale innée » selon Atran (2001, p. 2) :

> Dire qu'une structure mentale évoluée est « innée », ce n'est pas dire que chaque aspect important de son expression phénotypique est « génétiquement déterminé ». Les organismes particuliers observés, les exemplaires actuels ciblés et les inférences spécifiques faites peuvent varier de façon importante d'une personne à l'autre. Parce que la pluie des montagnes convergera dans la même vallée, peu importe où la pluie tombe. De la même manière, la connaissance de chaque personne convergera dans le même « bassin de drainage » cognitif (Waddington, 1959 ; Sperber, 1996).

L'interaction avec l'environnement peut donc modifier certaines parties du paysage épigénétique mais elle ne peut pas simplement l'ignorer ni complétement le remplacer. Par exemple, dans le domaine de la biologie naïve, les stimulations culturelles et écologiques se combinent avec une disposition innée à acquérir une connaissance biologique basique. Certaines études transculturelles montrent qu'à l'âge de 4-5 ans, les américains citadins et les mayas yukatek emploient le même concept d'ESSENCE comme un cadre inférentiel pour comprendre l'affiliation d'un organisme à une espèce biologique[19]. Cet emploi n'empêche pas

---

18 Pour une conception de l'innéité comme canalisation du développement biologique, voir Ariew, 1996 ; Ariew, 1999 ; Ariew, 2006. Pour un examen critique de cette conception, voir Valentine Reynaud, « Innéité et canalisation du développement biologique », *Igitur*, vol. 8, n° 1, 2017, p. 1-14.

19 Scott Atran, *Cognitive Foundations of Natural History : Towards an Anthropology of Science*, Cambridge MA, Cambridge University Press, 1990.

pour autant l'existence de différences culturelles importantes révélées par les études : les enfants mayas n'ont, par exemple, pas tendance à mener des raisonnements anthropocentriques, contrairement aux enfants américains. Cette différence semble due à une exposition plus accrue des enfants mayas à des entités non humaines.

Idées innées et externalisme sémantique

Fodor défend lui aussi une interprétation dispositionnelle du contenu inné et propose ainsi de concilier innéisme et externalisme[20]. Ce qui fait qu'une représentation mentale est une occurrence du concept (ou protoconcept) CHAT est sa disposition à être activée par la perception des chats. Si ce qui est susceptible de déclencher le concept CHAT est spécifié de manière innée, l'individuation du concept ne pose pas problème : elle est déterminée par sa capacité à être activée par sa référence. Un concept (ou protoconcept) est alors défini en référence à sa disposition caractéristique à entrer dans une relation spécifique monde-esprit. Autrement dit, son contenu survient sur sa disposition (possiblement non actualisée). La sémantique informationnelle fodorienne considère le contenu comme étant constitué par une relation nomologique entre l'esprit et le monde.

La critique de Cowie ne vaut pas au yeux de Fodor car elle ne considère pas la possibilité d'une interprétation dispositionnelle du contenu inné compatible avec un externalisme sémantique. Pis, selon Fodor, l'objection de Cowie va trop loin car elle revient à affirmer que tout ce qui est causalement inerte ne peut avoir de contenu. Le statut du contenu inné des concepts dans l'esprit est comparable conceptuellement à celui des propriétés des organismes qui ne sont pas phénotypiquement exprimées ou encore à celui des contenus intentionnels des attitudes propositionnelles qui ne sont pas les objets occurrents de la pensée. L'objection de Cowie aurait donc pour conséquence d'empêcher l'existence de structures génétiques non exprimées (et donc causalement inertes) qui puissent encoder des propriétés phénotypiques non exprimées ou bien l'existence de pensées dispositionnelles non occurrentes. Or, les propriétés phénotypiques non exprimées sont bien réelles même si elles peuvent sauter des générations, comme le sont les expressions comportementales

---

20 Fodor, 1998a.

des attitudes propositionnelles. Le contenu des concepts innés est donc comme celui des traits phénotypiques ou des pensées non exprimées : il existe dans des microstructures sous-jacentes. En l'occurrence, il existe dans les structures neuronales du cerveau qui l'encodent.

Un contenu non intentionnel

Selon les innéistes, la notion de contenu inné ne pose pas problème, d'autant plus si ce contenu est défini comme non intentionnel. Dans le système chomskyen, la *cognizance* doit être conçue comme une connaissance informelle, inconsciente qui décrit simplement la possession de certaines structures mentales rendant possible l'acquisition du langage[21]. Ainsi, elle n'implique aucune relation épistémique ou cognitive du locuteur à sa langue, ni aucune représentation interne. Comme le dit Smith :

> Les procédures génératives s'appliquent aux représentations dans l'esprit, mais celles-ci sont des représentations dans le sens de structures de données, non des représentations avec un contenu à propos de quelque chose externe au locuteur. (Barry Smith, « Why We Still Need Knowledge of Language », *Croatian Journal of Philosophy*, vol. 6, n° 18, 2006, p. 453).

La connaissance de la grammaire n'est donc pas à proprement parler représentée dans l'esprit : elle est elle-même un état de l'esprit-cerveau du locuteur. Le développement du langage est, pour Chomsky, analogue au développement des organes de l'embryon et à la construction de l'espace perceptif chez l'enfant. Tous ces systèmes se développent naturellement comme des instincts sans qu'aucun apprentissage, aucun choix conscient ni aucune motivation n'interviennent[22]. La nature de ces structures est en grande partie prédéterminée par l'organisation biologique.

Il n'y a donc pas de théorie intentionnelle de l'acquisition chez Chomsky : à strictement parler, l'enfant n'envisagerait donc pas réellement un nombre indéfini d'hypothèses parmi lesquelles il sélectionnerait la meilleure. Chomsky (2003) lui-même se prononce contre la conception de l'apprentissage appelée « théorie de la théorie » selon laquelle l'apprentissage d'une tâche cognitive s'apparente à la construction d'une théorie, et l'enfant à un petit scientifique ou linguiste. Connaître

---

21 Chomsky, 1985.
22 Chomsky, 1981.

une langue revient simplement à se trouver dans un certain état mental. Être dans un tel état mental, c'est être pourvu d'une certaine structure mentale consistant en un système de règles et de principes qui engendrent et mettent en rapport des représentations mentales de divers types. Et c'est précisément pour exprimer cette idée que Chomsky a introduit le terme technique : *to cognize*[23].

Chomsky donne deux arguments en faveur de l'existence de la connaissance implicite qu'est la *cognizance* de la grammaire universelle. D'une part, il est évident que tout locuteur connaît de façon implicite les règles de sa langue[24]. Pour reprendre un exemple déjà évoqué, la connaissance intuitive de la règle de formation des réciproques en anglais, parce qu'elle ne saurait s'extraire de l'environnement linguistique par généralisation inductive ni en s'appuyant sur des instructions explicites ou expériences décisives, est une information que les enfants doivent apporter d'eux-mêmes dans le processus d'acquisition linguistique[25]. D'autre part, il y a peu d'intérêt à interroger les rapports de la connaissance de la grammaire avec la connaissance au sens commun du terme[26]. Le concept commun de connaissance est lui-même mal défini. Une bonne partie de notre connaissance commune manque de fondement, de justification ou de motivation. *A fortiori*, la connaissance de la langue n'a pas besoin d'être justifiée, il lui suffit d'être causée. Ainsi, le terme de *cognizance* ne pose pas de problème aux yeux de Chomsky :

> Et si l'individu qui cognite (*cognizes*) la grammaire et ses règles venait miraculeusement à en prendre conscience, alors, nous n'hésiterions plus à affirmer qu'il les connaît, et que cette connaissance consciente est précisément ce qui constitue sa connaissance de sa langue. Par suite, « cogniter » (*cognize*) représente une connaissance tacite ou implicite, concept auquel je ne vois aucune objection possible. (Chomksy, 1985, p. 70.)

Dans la même veine, pour Fodor, le vocabulaire intentionnel de la neuropsychologie cognitive est inapproprié pour expliquer le phénomène non rationnel d'acquisition des concepts. Bien qu'il y ait des choses à dire sur les prérequis structurels pour l'acquisition du concept POIGNÉE

23 Chomsky, 1985, p. 69.
24 Chomsky, 1981.
25 Chomsky, 1985.
26 Chomsky, 1985.

DE PORTE, le vocabulaire intentionnel n'est pas requis pour les dire[27]. Seules les neurosciences pourront un jour décrire la manière dont les concepts sont implémentés dans le cerveau.

LA CONTROVERSE AVEC L'EMPIRISME

L'apparition des thèses innéistes a suscité de la part des empiristes contemporains un certain nombre de critiques. Ils reprennent ainsi à leur compte l'argument lockéen de la parcimonie, jugeant l'innéisme trop coûteux théoriquement. En outre, l'hypothèse empiriste a, elle aussi, bénéficié des progrès scientifiques accomplis, et notamment de nouvelles études statistiques probabilistes et connexionnistes qui ont permis d'étoffer l'idée d'une capacité combinatoire générale de l'esprit, capable d'extraire des régularités dans l'environnement sans avoir recours à une connaissance ou à des idées innées. Enfin, les empiristes mobilisent la plasticité du cerveau établie par la neurobiologie pour asseoir leur position.

LA CRITIQUE EMPIRISTE

L'argument de la parcimonie

Les empiristes contemporains reprennent l'argument de la parcimonie que l'on trouve chez Locke pour critiquer l'innéisme. Selon cet argument, l'innéisme est théoriquement coûteux, dans la mesure où le recours à des facultés innées est au mieux superflu pour l'explication de l'acquisition de la connaissance, au pire mystérieux. L'innéisme attribue à l'esprit une structure innée trop complexe qui semble implausible d'un point de vue ontologique. En particulier, l'innéisme chomskyen attribue à l'enfant une connaissance très abstraite du langage, ce qui revient à faire de lui un expert en linguistique. De la même manière, l'innéisme des concepts lui attribue un répertoire extrêmement vaste de concepts innés. Et l'innéisme cognitif considère qu'il possède, sous

27 Fodor, 1998a, p. 143.

la forme de théories, une connaissance dans tous les domaines. Voici comment Putnam (1979, p. 428) formule l'objection :

> Pourquoi [Dieu] nous bourrerait-il la tête d'un milliard d'« organes mentaux » différents au lieu de nous créer simplement futés ?

Les empiristes dénoncent alors l'incompatibilité de l'innéisme avec une histoire naturelle de l'esprit. Selon Putnam, la grammaire, par exemple, est un domaine si restreint qu'elle exige une stratégie d'apprentissage extrêmement spécialisée. Ce serait un miracle que l'évolution nous ait dotés d'une habileté aussi spécifique. Il est, en outre, difficilement concevable que l'évolution ait pu anticiper toutes les contingences des environnements physiques et culturels qui rendent nécessaire l'usage de concepts tels que CARBURATEUR ou PROTON. Les adaptations biologiques sont établies parce qu'elles ont promu dans le passé la survie et la reproduction, non parce qu'elles le feront dans l'avenir.

Les empiristes revendiquent l'adoption d'une conception plus modeste, plus parcimonieuse. D'une part, l'apprentissage inductif pourrait ne pas être le seul type d'apprentissage. D'autre part, dans la mesure où nous ignorons les capacités réelles d'un mécanisme général d'apprentissage, il est prématuré d'en conclure qu'il est incapable de rendre raison de la connaissance atteinte. L'ignorance sur la nature des procédures d'apprentissage suffit à jeter le doute sur la validité de l'hypothèse innéiste.

L'approche empiriste pose alors une structure de l'esprit minimale et des contraintes sur l'apprentissage qui puissent fonctionner dans tous les domaines. Des philosophes comme Putnam (1967), Quine (1970), ou plus récemment Cowie (1999) proposent ainsi une explication alternative, plus économique, de l'acquisition du langage : celle-ci résulte de stratégies d'apprentissage générales qui, à l'aide d'algorithmes puissants et d'une expérience minimale, sont capables d'extraire les régularités de l'environnement et permettent ainsi à l'enfant de maîtriser le langage. Si tout apprentissage nécessite des contraintes, les contraintes opérant dans l'apprentissage linguistique pourraient ne pas être spécialement conçues pour le langage. La nature même de l'apprentissage pourrait suffire à rendre compte de l'existence des similarités entre les langues ; ces similarités resteraient non accidentelles sans pour autant être le résultat d'une connaissance linguistique innée. Ainsi l'acquisition des règles linguistiques pourrait-elle être gouvernée par des principes généraux du type « cherchez des régularités », « choisissez des hypothèses puissantes », « préférez des hypothèses simples ». Ces principes sont innés mais ils ne sont pas spécifiques à un domaine particulier et sont donc applicables à n'importe quel domaine[28]. Cowie (1999) qualifie cette conception d'« empirisme éclairé ».

Dans le domaine des concepts, les empiristes utilisent de la même manière la parcimonie pour défendre la supériorité de leur conception : les mécanismes perceptifs pourraient très bien suffire pour rendre compte de l'acquisition des concepts. Comme le dit Jesse Prinz (2002, p. 122) :

> Les théories empiristes peuvent être défendues en faisant appel à la parcimonie méthodologique. Une fois que nous avons postulé une certaine classe de représentations pour une théorie de la perception, il est rentable de voir si ces mêmes représentations peuvent être utilisées pour une théorie de la cognition. Nous devrions essayer d'utiliser ce que nous avons déjà plutôt que de surpeupler l'esprit avec d'autres types de représentations mentales.

Selon Barsalou (1999), les concepts peuvent ainsi être considérés comme des symboles perceptifs qui sont extraits des états perceptifs et stockés dans la mémoire. Ils sont à la fois modaux et analogiques. Ils sont modaux parce qu'ils sont représentés dans les mêmes systèmes que les états perceptifs qui les ont produits. Ils sont analogiques parce que la structure d'un symbole perceptif correspond plus ou moins à l'état perceptif qui l'a produite. Ainsi, pour l'empirisme des concepts, toute notre connaissance est stockée dans des états perceptifs, spécifiques à chaque modalité et fortement sensibles au contexte. La connaissance conceptuelle des pommes, par exemple, consiste seulement en représentations visuelles, olfactives, tactiles, somato-sensorielles et gustatives des pommes qui sont emmagasinées dans la mémoire à long terme[29]. Posséder un concept, c'est donc être capable d'utiliser dans ses processus cognitifs supérieurs les traces mnésiques de ses états perceptifs. Tout concept se définit simplement comme une capacité à simuler ce que l'on perçoit.

---

28 Putnam, 1975 ; Cowie, 1999.

29 Édouard Machery, « Two Dogmas of Neo-empiricism », *Philosophy Compass*, 1 (4), p. 398-412, 2006.

Réseaux connexionnistes et méthodes probabilistes

De nouveaux paradigmes sont apparus dans le but d'évaluer l'aptitude des mécanismes d'apprentissage généraux à acquérir une connaissance spécifique sans avoir besoin d'attribuer à l'enfant des principes innés spécialisés. Des programmes de recherche dans le domaine de l'acquisition du langage notamment ont développé des théories de l'apprentissage stochastiques et connexionnistes[30]. Ces travaux permettent, selon les empiristes, de tirer les trois conclusions anti-innéistes suivantes.

Premièrement, les données de l'environnement ne sont pas aussi pauvres que Chomsky le pense. L'innéisme linguistique considère que les stimuli pertinents pour l'acquisition du langage se réduisent aux séquences entendues dans un contexte d'usage. Or, selon les empiristes, l'environnement dans lequel l'enfant apprend le langage contient de nombreuses instructions positives et négatives. Les instructions positives font référence aux indices effectivement présents dans l'environnement linguistique (et notamment dans les phrases effectivement entendues) ; les instructions négatives sont les indices fournis par l'absence des tournures agrammaticales et permettent d'influencer les hypothèses envisagées par l'enfant. L'importance de l'environnement social dans l'apprentissage du langage est alors soulignée. L'apprentissage des mots, par exemple, se fait dans des contextes sociaux riches, ce que Tomasello appelle « des scènes d'attention conjointe » qui sont des interactions sociales au cours desquelles l'adulte et l'enfant s'intéressent conjointement à quelque chose qui leur est extérieur, sur lequel ils attirent l'attention l'un de l'autre, pendant un certain temps[31]. Ces scènes fournissent le contexte intersubjectif au sein duquel se produit le processus de symbolisation nécessaire à l'apprentissage des mots.

Deuxièmement, les enfants possèdent des mécanismes généraux plus puissants que Chomsky ne le prétend. L'enfant peut apprendre le langage sans connaissance innée, grâce à des mécanismes d'extraction de l'information efficaces, capables d'exploiter la richesse de l'environnement. Les travaux sur les réseaux connexionnistes cherchent à montrer la capacité des réseaux récurrents à extraire une information structurale à partir d'éléments ordonnés séquentiellement tels qu'ils le sont dans les phrases. Elman (1990) par exemple décrit un réseau récurrent qui parvient à assigner

---

30 Pullum et Scholz, 2005 ; Safran, 2003.

31 Michael Tomasello, *Aux origines de la cognition humaine*, Éditions Retz, 2004.

à des mots des catégories grammaticales (nom, verbe) sur la base d'une distribution de données extraite de séquences de phrases grammaticalement bien formées[32]. Les travaux de Saffran (2003) révèlent également que les jeunes enfants peuvent utiliser les propriétés statistiques des données linguistiques pour découvrir la structure de la langue[33]. L'étude de l'acquisition précoce de la langue natale par les jeunes enfants, menée par Kuhl (2000), montre que l'enfant construit ses propres données. Les enfants « cartographient » des aspects importants de leur langue maternelle dans la première année de leur vie, avant même qu'ils soient capables de parler. Ils en exploitent les propriétés statistiques et peuvent ainsi utiliser l'information distributionnelle et probabiliste contenue dans le langage pour identifier des unités d'ordre supérieur. En un mot, c'est l'expérience qui façonne la perception du langage et sa compréhension.

Troisièmement, la connaissance linguistique que possède le locuteur d'une langue n'est pas forcément un ensemble de principes aussi abstraits que ne l'estime Chomsky, ce qui aurait une incidence sur la manière dont on conçoit l'état initial de la connaissance linguistique. Ce n'est pas parce que nous apprenons tous à parler que nous possédons tous la même compétence. Il est possible qu'aucun d'entre nous ne compose exactement la même connaissance. Les individus diffèrent dans leur niveau de maîtrise de la langue et ne cessent jamais d'apprendre des mots tout au long de leur vie.

Ces trois conclusions suggèrent, pour les empiristes, qu'il n'y a pas de grammaire universelle innée, mais que seuls sont innés des biais et des stratégies qui posent des contraintes sur la perception et l'apprentissage en général. L'empirisme linguistique peut se résumer de cette manière :

> Le langage est donc susceptible d'être atteint de manière innée [*innately discoverable*]. (Kuhl, 2000, p. 11857.)

La plasticité du cerveau

La critique empiriste formule l'argument neurobiologique selon lequel la plasticité du cerveau au cours de son développement rend l'existence

32 Jeffrey Elman, « Finding Structure in Time », *Cognitive Science*, 14, 1990, p. 179-211.

33 C'est le cas par exemple pour la distribution des sons dans les mots, l'ordre des types de mots dans les phrases et la syntaxe rudimentaire. Voir Jenny Safran, « Statistical Language Learning : Mechanisms and Constraints », *Current Directions in Psychological Science*, 12, 4, 2003, p. 110-114.

de structures cognitives innées hautement improbable[34]. En effet, tout au long de la vie, le cerveau change en permanence, assez rapidement et profondément. La sculpture ontogénétique des connexions neuronales qui se fait grâce à l'expérience est un aspect majeur de la croissance cérébrale pendant la petite enfance[35]. Les modèles précis des stimulations environnementales auxquelles le cortex en développement est exposé jouent un rôle prépondérant dans le façonnage des circuits du cerveau et de leurs propriétés fonctionnelles. L'exemple de la formation des colonnes de dominance oculaire est paradigmatique : si l'on prive le cerveau de stimulations visuelles en gardant un œil fermé, cet œil finit par être fonctionnellement aveugle. Les cellules de la rétine ont beau produire des résultats normaux après la réouverture de l'œil, les aires du cortex auxquelles elles sont reliées ne répondront plus de manière appropriée aux stimulations visuelles.

En outre, la plasticité du cerveau est ce qui permet aux régions cérébrales de réaliser différentes fonctions. Une région donnée a la capacité d'assumer la fonction d'une autre région du cerveau quand celle-ci est lésée. Ce phénomène ne nécessite pas la création de nouvelles connexions ; il déclenche simplement l'activité de connexions latentes restées ineffectives jusque là. Chaque région possède ainsi une compétence potentielle qui excède sa compétence actuelle. Qui plus est, nous utilisons des aires du cerveau différentes à différents âges pour accomplir les mêmes tâches.

Dans leur ouvrage *Rethinking innateness*, Elman *et al.* (1996) utilisent la plasticité cérébrale pour réfuter l'existence de la connaissance innée. Ils partent du principe que :

> Dans le cerveau, la réalisation neuronale la plus probable de la connaissance innée devrait se faire sous la forme de connexions synaptiques particulières, à un niveau cortical. (Elman *et al.*, 1996, p. 25.)

Or, il n'y a aucune trace d'un contenu représentationnel au niveau des connexions synaptiques particulières.

Ces chercheurs mobilisent la plasticité cérébrale pour critiquer précisément la notion de « module inné[36] ». Les connexions synaptiques se

---

34 Steven Quartz et Terrence Sejnowski, « The Neural Basis of Cognitive Development : A Constructivist Manifesto », *Behavioral and Brain Sciences*, 20, 1997, p. 537-596 ; Elman *et al.*, 1996.

35 Rochat, 2006.

36 Elman *et al.*, 1996.

forment au cours du développement cortical en étroite interaction avec l'environnement. Les circuits du cerveau ne sont donc pas spécialisés ni câblés avant l'expérience. Bien qu'un cerveau adulte puisse être caractérisé par des structures de traitement de l'information spécifiques ou « modulaires », celles-ci sont en réalité le résultat d'un façonnage environnemental. Elles ne sont ni innées ni génétiquement spécifiées. Les stimulations extérieures n'enclenchent pas le développement de modules innés préspécifiés ; elles forgent véritablement nos organes mentaux. La spécialisation du cerveau se fait donc *a posteriori* ; elle est le fruit d'une modularisation. Les empiristes voient alors l'esprit comme un ensemble de mécanismes généraux de traitement de l'information qui se spécialisent progressivement en réponse aux changements de l'environnement.

Certains empiristes comme Buller (2005) défendent même l'idée selon laquelle la plasticité du cerveau est une adaptation biologique. L'évolution n'a pas désigné un cerveau qui consiste en des adaptations préfabriquées mais elle a recruté un système plastique capable de s'adapter à son environnement local. En d'autres termes, contrairement à ce que pensent certains psychologues évolutionnistes, nous ne sommes pas adaptés à une caractéristique spécifique de notre habitat ancestral mais nous sommes adaptés au fait que notre habitat est susceptible de changer.

LA RÉPONSE DES INNÉISTES

Les pouvoirs merveilleux de l'esprit empiriste

Les innéistes – et en particulier Chomsky – considèrent que la conception empiriste de l'esprit n'est ni explicative ni plausible. Cette dernière érige la notion de « mécanisme général d'apprentissage » au rang de principe explicatif alors que cette notion est obscure[37]. S'il est évident que les généralisations ainsi que les comparaisons entre nouveaux énoncés linguistiques et énoncés familiers nous aident à apprendre le langage, celles-ci ne sauraient suffire à en expliquer l'acquisition :

> Ainsi sa connaissance [celle de l'enfant] s'étend bien au delà de son expérience et n'est pas une « généralisation » à partir de celle-ci, quel que soit le sens du terme généralisation (excepté le sens trivial défini par la structure intrinsèque du dispositif d'acquisition du langage). (Chomsky, 1967, p. 8.)

37 Chomsky, 1959 ; Chomsky, 1985.

L'hypothèse empiriste d'un esprit général qui acquiert la connaissance du langage simplement grâce à l'interaction avec l'environnement est mystérieuse. Comme le souligne l'innéiste Scott Atran,

> Apprendre les structures syntaxiques à travers « l'interaction sociale » est une option aussi peu plausible qu'apprendre par « osmose ». (Atran, 2001, p. 3.)

Le problème de l'explication empiriste de l'apprentissage du langage est qu'elle n'est pas en mesure d'indiquer, même d'une manière vague, comment des mécanismes généraux d'apprentissage peuvent expliquer des propriétés grammaticales aussi abstraites que la propriété de dépendance à la structure des règles syntaxiques. Comme le dit Chomsky :

> L'emploi des mots « intelligence générale », etc., ne constitue pas une hypothèse empirique, à moins que ces notions ne soient clarifiées d'une façon ou d'une autre. (Chomsky, 1979, in Piattelli-Palmarini, M. (édit.), p. 455.)

Les innéistes reprochent ainsi aux empiristes de n'offrir aucune hypothèse empiriquement testable. L'« empirisme éclairé » est incapable d'expliquer de quel contenu émanent les contraintes linguistiques spécifiques acquises dont il reconnaît pourtant l'existence.

On trouve une critique similaire à l'encontre de l'empirisme des concepts proposé par Barsalou (1999) qui pose un mécanisme général de formation des concepts qui paraît merveilleux tant il est supposé efficace, aussi merveilleuse qu'a pu paraître, à bien des égards, la faculté lockéenne d'abstraction. Berkeley (1991, p. 45) qualifiait déjà la faculté d'abstraction posée par Locke de « merveilleuse » : comment parvient-elle réellement à former une idée abstraite à partir du divers empirique ? La même difficulté se pose pour l'empirisme contemporain. L'étonnante efficacité du mécanisme général de formation des concepts (qui serait capable d'accéder à n'importe quel concept à partir de représentations perceptives) rend son existence hautement improbable. Comment rendre compte de la formation des concepts abstraits pour lesquels il n'y a pas de représentations perceptives ? Mais même dans le cas des concepts qui possèdent des représentations perceptives, le caractère conceptuel et l'accès à l'abstraction restent difficile à concevoir. Comment un format perceptif pourrait-il encoder différents types de connaissances[38] ? Ne faut-il pas déjà

38 Keil, 1994.

avoir accès à l'idée abstraite de ROUGE pour percevoir les similitudes existant entre les différentes nuances de rouge ? Le philosophe contemporain Carruthers (1992, p. 59) formule la difficulté de cette manière :

> En fait, les problèmes émergent pour les empiristes même dans le cas des concepts les plus simples, tels que ceux de couleur. Car il est faux que toutes les instances d'une couleur donnée partagent une caractéristique commune. Dans un tel cas, nous ne pouvons acquérir le concept de la couleur en abstrayant la caractéristique commune de notre expérience. Considérons ainsi le concept ROUGE. Est-ce que toutes les nuances de rouge ont quelque chose de commun ? Si c'est le cas, qu'est-ce que c'est ?

Pour résumer, l'hypothèse empiriste est jugée implausible par les innéistes car elle requiert que les données environnementales contiennent beaucoup d'informations et que les mécanismes généraux d'apprentissage soient très puissants. Leur existence paraît alors contraire à la parcimonie revendiquée par les empiristes eux-mêmes. Il peut sembler bien plus économique d'attribuer à l'enfant la connaissance dont il a strictement besoin, sous la forme de facultés innées spécialisées[39].

La plasticité et les gènes

L'argument empiriste qui repose sur la plasticité cérébrale pour réfuter l'innéisme n'est pas convaincant pour les innéistes. Si elle fait bien référence à l'influence de l'environnement dans la production du phénotype, la plasticité cérébrale n'a de sens que si elle reste sous un contrôle génétique strict. La stimulation des cellules provoque l'expression immédiate et précoce de gènes, dont les produits soit modifient directement la structure et la fonction synaptiques, soit déclenchent en cascade l'expression d'autres gènes impliqués dans le développement. Selon les mots du neuropsychologue Franck Ramus (2006, p. 256) :

> Ironiquement, la plasticité est parmi les propriétés du cerveau qui doivent être sous le contrôle génétique le plus étroit. [...] En un mot, la plasticité n'est pas une alternative au génome ; elle est entièrement contrôlée par le génome.

L'exemple paradigmatique du phénomène cérébral plastique mentionné ci-dessus – la formation des colonnes de dominance oculaire – le

39 Pinker, 1994.

prouve : dans une première phase, les colonnes sont formées entièrement sous contrôle génétique, indépendamment de toute stimulation visuelle (et même avant la naissance, chez les macaques). S'ensuit une période critique pendant laquelle il y a une grande plasticité : fermer un œil peut en effet faire disparaître la colonne. À la fin de la période critique, le système se rigidifie en devenant imperméable aux changements de stimulations. Le développement et la plasticité des colonnes de dominance oculaire exemplifient l'alliance typique nécessaire entre le précâblage génétique et la modification induite par l'expérience. Autrement dit, les tissus neuronaux ne forment pas une « substance magique » qui peut prendre n'importe quelle forme[40]. Le cortex possède une structure intrinsèque. La plasticité n'est donc pas la fabrication sous les effets de l'environnement d'un cerveau vide au départ, ni le façonnage d'une masse initialement informe. La plasticité est en réalité toujours contrainte par le contenu et la structure du matériel génétique[41].

En outre, l'argument anti-innéiste ayant recours à la plasticité cérébrale revient à confondre le niveau mental et le niveau neuronal, ce que ne font pas les innéistes. Ces derniers assimilent l'innéité à l'invariance de l'état final d'un trait, autorisant ainsi une grande plasticité de son développement. Botterill et Carruthers (1999) soulignent la compatibilité entre la convergence des résultats du développement et la divergence des trajectoires qui y mènent[42]. Il n'est donc pas nécessaire, pour poser l'existence d'un module cognitif inné, de l'associer à un système neuronal unique[43]. Selon Samuels (1998), il convient d'opérer une distinction entre un « innéisme des tissus » et un « innéisme des organismes[44] ». Si l'innéisme des tissus se révélait vrai, cela n'aurait aucune incidence sur l'affirmation ou l'infirmation de l'innéisme des organismes. S'il était faux, cela ne prouverait pas non plus la fausseté de l'innéisme des organismes. Autrement dit, l'innéité d'un trait n'implique pas qu'on puisse le localiser dans le cerveau :

40 Pinker, 2004.

41 Meunier et Reynaud, 2017.

42 George Botterill et Peter Carruthers, *The Philosophy of Psychology*, Cambridge, Cambridge University Press, 1999.

43 Proust, 2009.

44 Richard Samuels, « What Brains Won't Tell Us about the Mind : a Critique of the Neurobiological Argument Against Representational Nativism », *Mind & Language*, 13, 4, 1998, p. 548-570.

> Il est au moins *a priori* possible que des caractéristiques distribuées, globales du cerveau, plutôt que des caractéristiques modulaires, réalisent des modules computationnels ou intentionnels. (Gabriel Segal, « The Modularity of Theory of Mind », in *Theories of Theories of Mind*, Carruthers, P. et Smiths, P., (edit.), Cambridge MA, Cambridge Universoty Press, 1996, p. 145-146.)

La confusion entre le niveau mental et le niveau neuronal se retrouve dans l'argument de Elman *et al.* (1996) qui soutiennent que la plasticité du cerveau réfute l'idée de connaissance innée. Pourquoi supposer que dans le cerveau, l'implémentation neuronale la plus probable pour la connaissance innée est une configuration précise des connexions synaptiques à un niveau cortical ? Comme le souligne Fodor (1998b), il existe différents niveaux d'organisation du système nerveux, à la fois plus grands et plus petits que les connexions entre neurones individuels, qui pourraient parfaitement être le lieu de l'implémentation de la connaissance innée.

LES IDÉES INNÉES ET LA SCIENCE

LE MYSTÈRE DES IDÉES INNÉES

La biologie, à l'ère post-génomique

L'innéisme contemporain apparaît au moment où émerge, en biologie moléculaire, le paradigme du programme génétique. Depuis, l'innéité renvoie à la « détermination » ou la « spécification génétique » d'un trait[45]. Mais ces termes se sont révélés problématiques (tout comme les notions voisines de « causalité génétique », ou d'« encodage génétique »)[46]. Les biologistes reconnaissent la nécessaire interaction entre les gènes et l'environnement pour l'apparition des traits phénotypiques. Tous les aspects du développement expriment le génome en même temps qu'ils sont influencés par l'expérience. En d'autres termes, la plupart des traits phénotypiques sont « déterminés » ou

45 Pinker, 1994 ; Fodor, 2001 ; Chomsky, 2006.
46 Samuels, 2002.

« spécifiés » dans les gènes tout autant qu'ils sont dépendants de l'environnement. Le développement ontogénétique résulte d'une combinaison complexe de causes génotypiques et environnementales interagissant de manière à produire les traits phénotypiques de l'organisme.

La frontière entre causalité génotypique et causalité environnementale est loin d'être facile à tracer, en vertu de la nature « épigénétique » du développement[47]. Au sens large, ce terme désigne les interactions causales complexes entre les gènes, l'organisme et l'environnement requises pour la production d'un phénotype[48]. Au sens plus étroit, ce terme désigne le contrôle de l'activité des gènes par des mécanismes moléculaires[49] : les environnements interne et externe des cellules interviennent au niveau moléculaire pour réguler l'expression des gènes. Par exemple, la méthylation de l'ADN agit sur la transcription de l'ADN en molécules d'ARN et conditionne ainsi l'expression des gènes dans chaque cellule. Dans les deux cas, l'épigénétique met en évidence l'insuffisance de la génétique pour expliquer le développement : il souligne soit l'incapacité générale d'expliquer la genèse d'un phénotype à partir du génotype soit l'incapacité spécifique de concevoir des mécanismes plausibles du contrôle de l'activité des gènes[50]. Sauf dans des cas rares comme les maladies monogéniques (où la maladie est due systématiquement et de façon univoque à la mutation particulière d'un gène unique), l'identification d'une séquence génomique correspondant à un phénotype n'est pas aisée, dans la mesure où l'expression d'un gène nécessite l'activité de l'ensemble formé par les séquences codantes et les signaux de régulation[51], influencée par l'environnement. Ainsi, poser un déterminisme génétique au sens strict du terme est très discutable : si les gènes participent à la détermination des traits phénotypiques, ils ne le font jamais en excluant d'autres types de causes (environnementales). Tous les traits phénotypiques qui sont des produits conjoints des gènes et de l'environnement sont, en un sens, « génétiquement déterminés ». Sans un moyen fiable d'évaluer l'influence distinctive respective des gènes et de l'environnement externe dans la production d'un phénotype, la

47 Morange 2005 ; Meunier et Reynaud, 2017.
48 Waddington, 1959.
49 Morange, 2005.
50 Morange, 2005.
51 Morange, 1998.

notion de « détermination génétique » est alors peu utile pour définir l'innéité d'un trait[52].

La critique des arguments neuropsychologiques

Les arguments tirés de la neuropsychologie utilisés par les innéistes se révèlent discutables car ils reposent sur une vision simplificatrice des relations entre génotype et phénotype.

– La critique de l'argument des désordres génétiques

Les syndromes génétiques ne pourraient être des preuves de l'innéité que si la relation entre certains gènes manquants et les phénotypes qui en résultent était directe et univoque. Tout ce que l'on peut affirmer à propos du cas héréditaire du trouble de langage évoqué plus haut est que l'expression du gène (FOXP2) est impliquée dans la régulation d'autres gènes, qui eux-mêmes déterminent la formation et le fonctionnement d'aires cérébrales, dont l'intégrité est requise pour la maîtrise du langage. Mais cela n'implique pas que ce gène soit exclusivement dédié à l'encodage de la grammaire. En effet, on pourrait très bien imaginer que le trouble du langage impliqué par (FOXP2) ne soit qu'un aspect d'une déficience plus générale de l'apprentissage. La plausibilité de cette hypothèse est corroborée par le fait que les désordres génétiques du langage sont très souvent accompagnés de problèmes non linguistiques tels que des déficits dans le traitement auditif ou le contrôle orofacial (Karmiloff-Smith, 1998). Inversement, FOXP2 paraît être normal dans d'autres formes fréquentes de troubles développementaux du langage. En outre, les études sur les oiseaux ont révélé l'implication de ce gène dans l'apprentissage du chant, ce qui montre que ce gène intervient dans des processus plus génériques dont le langage humain ne pourrait être qu'un type parmi d'autres. On a découvert également que ce gène possède d'autres fonctions régulatrices ailleurs dans le cerveau ou le reste du corps[53]. Tous ces éléments rendent peu convaincante la conclusion qu'il existe un « gène de la grammaire », support de la grammaire universelle innée.

52 Valentine Reynaud, « Faut-il renoncer à la notion d'inné ? », Repha, 2, 2010 ; Reynaud, 2013 ; Valentine Reynaud, « Innéité et canalisation du développement biologique », *Igitur*, vol. 8, n° 1, 2017, p. 1-14.

53 Ramus, 2006.

– La critique de l'argument de la double dissociation

Certains auteurs mettent en évidence l'inexistence des « déficits sélectifs purs », ce qui remet en cause la validité de l'argument innéiste qui prend appui sur les doubles dissociations[54]. Ce dernier semble reposer sur une interprétation schématique et simpliste de la relation génotype-phénotype, véhiculant une vision trop figée du développement ontogénétique. Quand une lésion mène au déficit d'une capacité, on ne sait pas si le lieu de la lésion est le corrélat neuronal de la capacité ou bien le corrélat de quelque prérequis auxiliaire pour cette capacité[55]. Ainsi, à partir de la déficience d'une fonction spécifique, on ne peut pas inférer l'existence de celle-ci comme relevant d'une faculté autonome. Si l'on comprend le trouble du langage évoqué ci-dessus comme un trouble fondamentalement morphosyntaxique (problème de réalisation de suffixes, de marques de temps et de cas), il y a, certes, une fonction grammaticale identifiable qui semble correspondre à l'action de la mutation, ce qui est très prometteur pour les partisans d'une représentation génétique du langage. Cependant, ce trouble peut être interprété d'une toute autre manière, comme résultant d'un trouble de la coordination musculaire (entraînant un trouble de la répétition implicite de mots pendant l'apprentissage et de la mémorisation des mots) qui se retrouve dans des troubles moteurs étrangers au langage (comme dans la mémorisation de formes nouvelles de coordination motrice). Selon cette interprétation, le trouble du langage n'est qu'un aspect de la déficience de l'apprentissage de plusieurs aptitudes.

– La critique de l'argument de la localisation cérébrale

La localisation cérébrale d'une capacité n'implique pas forcément son innéité. Il se peut que cette localisation soit acquise. Par exemple, la prévalence manuelle (le fait d'être droitier ou gaucher) a un effet marqué sur la spécialisation hémisphérique du langage : le centre du langage se situe dans l'hémisphère gauche du cerveau d'un droitier, tandis qu'il se trouve dans l'hémisphère droit du cerveau d'un gaucher. En outre, si la région du centre du discours est endommagée à une étape précoce du

54 Karmiloff-Smith, 1998 ; Karmiloff-Smith, 2003.
55 Prinz, 2006.

développement, l'aire correspondante de l'autre hémisphère peut être cooptée pour assurer cette fonction. La « délocalisation » ne porte donc pas atteinte à l'intégrité de la faculté.

En outre, la localisation cérébrale des fonctions cognitives reste elle-même une question controversée. Certes, cette conception a pu sembler corroborée par la neuro-imagerie qui a identifié, à un niveau général, des aires du cerveau correspondant au langage, à l'identification des mots, à la reconnaissance des visages, à la reconnaissance des objets, au traitement sémantique… Mais les nouvelles études montrent que toute fonction cognitive requiert l'activation d'aires cérébrales très différentes[56]. Des cascades complexes d'événements cérébraux sont alors mises en jeu, ce qui suggère que le cortex dans son ensemble contribue à la réalisation de la plupart des tâches cognitives fondamentales[57]. On sait aujourd'hui que les circuits neuronaux sous-tendant le traitement du langage ne se réduisent pas aux aires de Broca et de Wernicke. La latéralisation globale du traitement du langage en faveur de l'hémisphère gauche reste admise, même si des recherches récentes la remettent partiellement en cause, au moins pour certains aspects du traitement linguistique[58]. Mais l'aire de Broca ne semble pas entièrement dédiée au traitement linguistique ; elle est aussi impliquée dans des tâches de contrôle exécutif et d'inhibition[59]. Les circuits cérébraux ne sont donc jamais, à strictement parler, spécifiques à un domaine : si un traitement spécifique prédomine dans un circuit, d'autres traitements ont lieu en parallèle. Et cette prédominance paraît même contingente.

Les idées innées, une hypothèse infalsifiable

Les opposants à l'innéisme considèrent que l'hypothèse selon laquelle l'esprit est dotée de différentes facultés innées est une hypothèse infalsifiable, à cause de l'incertitude concernant la définition d'un trait phénotypique inné. Comme la plupart des traits sont à la fois génétiquement spécifiés et influencés par l'environnement, la dichotomie usuelle inné-acquis ne semble pas opératoire. L'innéité ne peut donc être

56 Prinz, 2006.

57 Morel et Brun, 2005.

58 Yann Grodzinsky, « The Language Faculty, Broca's Region, and the Mirror System », *Cortex*, 42, 2006, p. 464-468.

59 Amunts *et al.*, 2003.

identifiée à la présence à la naissance ni à l'absence de toute intervention de l'environnement, ni même à l'universalité d'un trait.

Il est, certes, intuitivement tentant de penser que plus un comportement est précoce ou universel, plus son développement est régulé par des contraintes innées. Mais il y a, d'une part, des difficultés liées à l'attestation empirique de la présence de véritables compétences cognitives chez l'enfant. Il y a en effet des problèmes d'interprétation en ce qui concerne le paradigme expérimental utilisé : un temps de regard plus long observé de façon précoce indique-t-il avec certitude la possession par l'enfant du concept d'un objet ? Comment savoir si le concept attribué à l'enfant n'est pas une projection de l'expérimentateur ?

Il y a, d'autre part, des problèmes liés aux conclusions que l'on peut tirer des données issues de la psychologie et de l'anthropologie cognitive. Il est toujours logiquement possible, en effet, que les compétences cognitives attribuées à l'enfant résultent d'un apprentissage prénatal, ou qu'elles aient été acquises ou apprises par l'observation, entre la naissance et l'âge auquel le bébé est soumis aux expériences[60].

D'un point de vue logique, on peut toujours imaginer aussi que l'universalité des compétences cognitives constatées par l'anthropologie cognitive provienne en réalité de la stabilité des conditions environnementales dans lesquelles les enfants se développent. La présence dans les langues d'universaux linguistiques, comme les catégories des noms et des verbes, ne s'explique pas forcément par un moule mental inné du langage mais elle pourrait tout aussi bien résulter de la permanence des tâches que le langage doit remplir et d'un besoin fondamental de communiquer[61].

De façon similaire, dire qu'un trait est inné parce qu'il provient de la maturation d'un organe est un faible dispositif explicatif. Il paraît impossible de tester cette affirmation grâce aux données empiriques. Dans l'hypothèse chomskyenne de la grammaire universelle, toute erreur commise par les enfants qui ne peut être expliquée par la maturation de l'organe du langage, est considérée comme une erreur de « performance ». Une telle interprétation semble irréfutable. Comment savoir que la maîtrise du langage implique la connaissance innée d'une grammaire universelle si celle-ci relève de la compétence, non perceptible directement ? Ainsi que l'expriment Pullum et Scholz (2002, p. 38) :

60 Mameli et Bateson, 2006.

61 Tomasello, 2003.

> [S]upposer que celui qui apprend l'anglais doit savoir que dans toutes les langues naturelles, les relations d'ordre des éléments entre les phrases sont dépendantes de la structure revient à faire une pétition de principe en faveur de la connaissance innée des principes grammaticaux universels.

Cette critique se prolonge par la dénonciation de la manière même dont Chomsky présente la situation d'apprentissage du langage. L'argument de la pauvreté du stimulus fait de l'apprentissage du langage un problème logique, similaire au problème posé par le linguiste de la justification de la supériorité d'une grammaire sur d'autres grammaires (extensionnellement équivalentes)[62]. Mais si l'enfant fait toujours le bon choix grammatical, ce n'est peut-être pas parce qu'il dispose des moyens innés de le faire, mais c'est peut-être tout simplement parce qu'il n'est jamais réellement confronté à ce choix. L'enfant pourrait ne jamais envisager d'autres hypothèses que celle qu'il choisit effectivement.

En outre, pour certains chercheurs, les prémisses de l'argument de la pauvreté du stimulus (concernant les processus d'apprentissage dont les enfants disposent pour aboutir à la maîtrise du langage, la syntaxe à apprendre et les informations disponibles aux enfants dans l'environnement[63]) ne peuvent être vérifiées empiriquement. L'apprentissage consiste-t-il à opérer un choix entre plusieurs grammaires compatibles avec les phrases entendues à la manière du linguiste qui analyse la langue ? L'état final de la connaissance du langage peut-il être défini comme la maîtrise d'un ensemble de principes syntaxiques abstraits ? L'information disponible à l'enfant se réduit-elle à celle contenue dans les données linguistiques primaires, pauvres en instruction implicite relative à la syntaxe ? Dans le raisonnement chomskyen, toutes les propriétés attribuées à la compétence linguistique de l'enfant d'une part (vitesse, succès, productivité, sélectivité, sous détermination, convergence, universalité) et à l'environnement d'autre part (ingratitude, finitude, idiosyncrasie, incomplétude, positivité et déficience) sont

62 En ce sens, il n'est pas surprenant que l'argument de la pauvreté du stimulus ait pu être formulé d'une manière purement formelle sous la forme de l'argument de l'apprenabilité de Gold. En utilisant des études mathématiques sur l'apprentissage fondées sur la théorie de la fonction récursive, Gold montre qu'il est impossible d'induire la grammaire correcte d'une langue entièrement à partir d'exemples. L'espace des grammaires possibles est trop grand et se doit d'être contraint (Mark Gold, « Language Identification in the Limit », *Information and Control*, 10, 1967, p. 447-474.)

63 Christophe, 2002.

interdépendantes les unes des autres[64]. La façon de concevoir ce qui est appris a une conséquence sur l'élaboration de ce que l'on a besoin d'apprendre (Cowie, 2008).

De façon générale, les opposants à l'innéisme considèrent que le recours à l'innéité constitue un échec de l'explication. Putnam (1975, p. 298) déclare ainsi :

> Invoquer l'« innéité » repousse simplement le problème de l'apprentissage mais ne le résout pas.

L'appel à l'innéité de la grammaire universelle ne semble dès lors justifié que par notre ignorance. Reprenant cette critique, Cowie (1999) va jusqu'à dire que l'innéisme ne peut pas être considéré comme une véritable théorie de l'esprit. Il ne serait qu'une théorie par défaut que l'on embrasse en vertu de notre incapacité à expliquer les phénomènes d'apprentissage. En particulier, aussi longtemps que l'on ignore comment les concepts pourraient être implémentés par des phénomènes neurologiques ou physiologiques, attribuer à l'esprit un grand nombre de concepts innés relève d'une métaphysique obscure. L'innéisme des concepts ne résout rien : la préexistence des concepts à l'expérience de l'individu échoue à expliquer l'origine de leur intentionnalité. Des questions restent non résolues : quel est le mécanisme plausible qui les rendrait innés ? En vertu de quoi les êtres humains ont-ils ces ressources ? Pour Cowie (1999), l'innéisme conceptuel contemporain reste une conception métaphysique qui ne propose aucune véritable explication de l'acquisition des concepts, à l'instar de la théorie moderne des idées innées[65]. Pis, considérer la plupart de nos concepts comme innés pourrait même bloquer certaines découvertes à propos des concepts[66]. De façon générale, dire que la connaissance, les concepts, les théories, les modules sont innés revient à rendre leur présence dans l'esprit incompréhensible.

64 Pullum et Scholz, 2002.

65 On trouve la même critique chez Barsalou (1999).

66 Prinz, 2006.

LES IDÉES INNÉES, UNE HYPOTHÈSE SCIENTIFIQUE

A contrario, l'innéisme est considéré par ses défenseurs comme une hypothèse scientifique tout à fait respectable et, même, comme la meilleure disponible :

> La théorie innéiste offre la meilleure compréhension de nos capacités cognitives, et ainsi celle de notre place dans le monde naturel. (Carruthers *et al.*, 2005, p. 14.)

Le naturalisme méthodologique

Chomsky défend la scientificité de l'hypothèse innéiste en montrant qu'elle relève de la seule méthode véritablement scientifique pour étudier l'esprit, à savoir le naturalisme méthodologique. Selon le naturalisme méthodologique, tout ce qui existe, objets, événements, y compris nos états mentaux avec leur caractère d'abstraction et de normativité, est supposé en droit accessible à une explication « naturelle », c'est-à-dire sujet d'une connaissance conforme aux méthodes des sciences de la nature (physique, chimie, biologie)[67]. L'approche biolinguistique prônée par Chomsky est une application de cette méthode à l'étude du langage. Il s'agit d'« étudier les humains comme nous le faisons pour n'importe quoi d'autre dans le monde naturel » (Chomsky, 2005, p. 287). Autrement dit, la même méthode scientifique est requise aussi bien pour l'étude du langage, de l'esprit que pour l'étude des phénomènes naturels[68].

Chomsky opère ainsi un renversement en dénonçant le dualisme méthodologique à l'œuvre dans la conception empiriste de l'acquisition du langage, comme celle de Quine. Seul un dualisme *a priori* et indéfendable aux yeux de Chomsky, justifierait une méthode différente pour le corps et pour l'esprit. Ce dualisme adhère à ce qu'il nomme le « mythe du musée », qui consiste à présupposer des objets mentaux distincts des objets naturels[69]. Ce faisant, l'empirisme pose une frontière infranchissable entre les sciences naturelles et l'étude du langage et de l'esprit en considérant que cette dernière doit être seulement sujette à une

67 Gayon, 2004.
68 Chomsky, 2006.
69 Chomsky, 1985, p. 13.

analyse conceptuelle *a priori* des concepts ordinaires du sens commun[70]. Or, selon Chomsky, instaurer une distance avec le sens commun est la condition pour parvenir à une explication scientifique réelle des phénomènes mentaux comme des phénomènes physiques. C'est donc aux partisans d'une démarcation entre la psychologie (et la linguistique) et les sciences naturelles que revient la charge de la preuve.

Il n'y a aucune raison que la psychologie et la linguistique ne soient pas traitées comme des sciences naturelles, au même titre que les autres. Or, dans les sciences naturelles, Chomsky remarque que le réalisme domine. On s'attend donc à ce que la grammaire universelle soit « physiquement représentée dans le code génétique et le cerveau adulte respectivement, avec les propriétés mises au jour par notre théorie de l'esprit » (Chomsky, 1985, p. 81). La linguistique doit alors s'inspirer du « style galiléen » propre à la physique, qui incarne le modèle de scientificité. En ce sens, elle ne doit pas hésiter à construire des idéalisations fortes, dans le but de produire une compréhension théorique objective du monde détaché des intérêts humains ordinaires. En science, les idéalisations sont nécessaires pour dégager les lois de la nature. Elles permettent de mener à la découverte de principes généraux inattendus. Elles doivent donc permettre dans l'étude de l'esprit de mettre en évidence de façon objective les véritables structures de l'esprit. Les idéalisations visent une profondeur explicative et recherchent des principes abstraits, capables d'expliquer un grand nombre de phénomènes et qui, comme les lois fondamentales en physique sont inaccessibles aux ressources du sens commun seules. Les sciences cognitives doivent donc embrasser le but de toute science qui est de construire des modèles mathématiques de l'univers auxquels les physiciens donnent un plus haut degré de réalité qu'au monde ordinaire de la sensation.

La linguistique élevée au statut de science naturelle devient alors une branche de la psychologie et se trouve en continuité avec la biologie. Elle nous donne un accès direct à la faculté humaine de langage, comprise comme structure biologique de l'esprit humain. De la même manière que les sciences naturelles attribuent une réalité à leur objet, la réalité des règles grammaticales mises en évidence par la linguistique apparaît à son tour incontournable, sauf à considérer qu'elles se situent « dans

70 Chomsky, 2005.

le pied » ! Le mental est un aspect de la réalité, à l'instar du chimique, de l'optique, de l'électrique[71]. Avec Chomsky, la tâche du linguiste se trouve transformée. Avant lui, la linguistique était un simple métalangage ; désormais, la grammaire est inscrite dans l'esprit et guide notre comportement verbal.

En outre, les idéalisations scientifiques sont nécessairement restreintes[72]. La compréhension théorique objective simultanée de tous les aspects du monde ne fait pas sens. Il n'y a pas d'étude scientifique du tout[73]. Il est nécessaire de se focaliser seulement sur ce qui est susceptible d'être scientifiquement étudié. C'est alors une erreur de penser que toutes les questions posées par l'usage normal du langage peuvent être appréhendées par la science. En particulier, l'aspect créateur de l'usage du langage reste un complet mystère[74]. Il concerne la faculté spécifiquement humaine d'exprimer et de comprendre des expressions de pensées nouvelles dans le cadre d'une langue instituée. La créativité propre au comportement verbal n'est pas entièrement formulable dans les concepts propres à l'analyse des systèmes physiques ni réalisable par un automate[75]. Il paraît donc normal que Chomsky n'ait pas de thèse sur les mécanismes d'acquisition puisque cela relève d'une théorie de la performance[76]. Le comportement verbal est un mystère insoluble, non un problème soluble par la science. Adopter le style galiléen dans l'étude du langage suppose qu'il est possible d'isoler dans l'esprit des systèmes observables à la manière des sciences naturelles, et de rechercher les principes abstraits qui les régissent. Ainsi, pour des raisons de rigueur scientifique, Chomsky opère une succession d'isolations[77]. Il choisit d'abord d'isoler la faculté de langage des autres systèmes cognitifs au sein de l'esprit humain. C'est seulement en considérant celle-ci comme un organe séparé analogue à un système naturel observable, que l'on peut l'étudier scientifiquement[78]. Il isole ensuite, dans le comportement verbal, la compétence linguistique qui apparaît, là encore, comme

71 Chomsky, 2003, p. 283.
72 Jacob, 2010.
73 Chomsky, 1981.
74 Chomsky, 1981 ; Chomsky, 1985 ; Chomsky, 2000.
75 Chomsky, 2001.
76 Fodor, 2001.
77 Chomsky, 2001.
78 Chomsky, 1985.

le seul phénomène que l'on peut étudier scientifiquement, dans la mesure où le comportement verbal global échappe à toute délimitation rigoureuse. Si nous devons un jour comprendre comment la langue est acquise et utilisée, il nous faut alors abstraire pour une étude séparée et indépendante un système cognitif, un système de connaissances et de croyances, qui se développe dans la prime enfance et qui s'associe à de nombreux autres facteurs pour déterminer les types de comportements que nous observons. Il nous faut, pour introduire un terme technique, isoler et étudier le système de compétence linguistique qui sous-tend le comportement mais qu'on ne peut cerner de façon simple ou directe dans le comportement[79]. La compétence linguistique est définie, enfin, comme une compétence proprement syntaxique, composée d'un mécanisme computationnel récursif. La grammaire est alors isolée à son tour des autres facteurs[80]. Ainsi, l'isolation du domaine cognitif qu'est la syntaxe (qui n'a pas en réalité d'existence indépendante) s'accompagne nécessairement d'un ensemble d'hypothèses simplificatrices : la variation linguistique au sein d'une même communauté est ignorée et un locuteur idéal est imaginé au sein de cette communauté linguistique homogène.

Dans ses *Réflexions sur le langage* (1981), Chomsky décrit explicitement sa méthode comme une idéalisation de la situation d'apprentissage. Une fois la syntaxe isolée, le linguiste peut fournir une représentation axiomatique systématique de la connaissance grammaticale du locuteur. Il doit tenter de développer un apparat théorique abstrait qui en rendra compte et en révélera les principes réels d'organisation et de fonctionnement. Ces principes peuvent alors raisonnablement être considérés comme innés. L'innéisme apparaît ainsi comme une conséquence du naturalisme méthodologique que Chomsky adopte.

L'innéité, un concept requis par la biologie

Les innéistes contemporains considèrent qu'ils proposent, contrairement à l'empirisme, une réponse substantielle à la question de savoir si le phénotype humain caractéristique est spécifié génétiquement. L'invocation de l'innéité n'est pas mystérieuse. Pour preuve, personne ne s'étonne

79 Chomsky, 2001.
80 Chomsky, 1985.

lorsque celle-ci est faite à propos du développement des organes physiques. Chomsky (in Piattelli-Palmarini, 1979, p. 458-459) répond alors à la critique de Putnam de cette manière :

> Si certaines propriétés du langage sont effectivement génétiquement déterminées, invoquer « l'innéité » ne « repousse pas le problème de l'apprentissage » en ce qui concerne ces propriétés, mais représente au contraire la bonne démarche, puisqu'il n'y a pas de « problème d'apprentissage » en l'occurrence.

Si l'explication de l'origine des structures physiques innées n'est pas encore totalement élucidée, l'avancée de la biologie promet de le faire dans un avenir proche. Selon Chomsky (1981, p. 115), il existe « une tâche nouvelle pour la biologie humaine : elle essaiera de trouver les mécanismes génétiques garantissant que l'organe mental qu'est le langage aura les caractéristiques exigées ». La question de savoir comment ces structures sont réalisées et expliquées en termes concrets est laissée ouverte pour l'avenir[81].

Fodor compte également sur la biologie pour donner un sens à l'innéité : celle-ci est en train de construire un concept de spécification génétique parce qu'elle en a elle-même fortement besoin. Les difficultés qu'elle rencontre actuellement ne posent pas problème. Elle finira bien par concevoir une notion satisfaisante de l'innéité.

> [L]a biologie est sur le point de construire un concept de spécification génétique, susceptible de sauver un bon nombre de paradigmes rationalistes. (Fodor, 2001.)

Fodor reconnaît que nous sommes dans un état d'ignorance important en ce qui concerne le fonctionnement du cerveau cognitif. En particulier, personne ne sait comment, par quel moyen neurologique, le cerveau enregistre le contenu de nos états mentaux :

> Personne ne peut, en regardant la forme des connexions du cerveau, savoir si celui-ci appartient à quelqu'un qui connaît l'algèbre, parle anglais ou croit que Washington est le père de son pays. De la même manière, personne ne peut regarder le cerveau d'un enfant et dire, à partir des données neurologiques, s'il possède des croyances innées. (Fodor, 1998b, p. 145.)

---

81 Chomsky, 2001.

Mais cet état de fait ne nous permet pas d'invalider l'innéisme des concepts. Notre ignorance est un état transitoire que les progrès de la biologie permettront de faire évoluer. L'innéisme est une hypothèse scientifique précisément parce qu'il concerne ce qui peut être conceptualisé par la science.

TROISIÈME PARTIE

LA THÉORIE DES IDÉES INNÉES

UNITÉ, DÉFINITION, ET PROBLÈMES

Ce chapitre défend l'idée qu'il existe un air de famille entre la théorie classique des idées innées et les théories contemporaines des facultés, concepts ou modules innés, qui justifie la revendication d'un héritage et la possibilité d'une définition générale de l'innéisme. Il montre en quoi se rejoue aujourd'hui, bien qu'en termes différents, une version de la controverse moderne autour des idées innées.

L'HÉRITAGE CLASSIQUE DE LA THÉORIE CONTEMPORAINE DES IDÉES INNÉES

Les deux représentants majeurs de l'innéisme contemporain, Chomsky et Fodor, revendiquent un héritage de la théorie des idées innées de l'âge classique. Certains commentateurs estiment pourtant que cette filiation est fictive[1]. Selon eux, la divergence de contexte théorique a modifié en profondeur le sens des « idées innées ». Innéisme classique et innéisme contemporain n'ont-ils de commun que leur nom ?

L'INNÉ : *A PRIORI* OU EMPIRIQUE ?

Selon certains commentateurs, le tournant naturaliste opéré au XXe siècle aurait opéré un déplacement du débat d'un plan métaphysique purement *a priori* à un plan scientifique purement empirique. Selon le philosophe Cooper, il faut distinguer deux hypothèses de l'innéité, une « ancienne » et une « nouvelle » qui diffèrent par leur modalité : la première est logique, la seconde empirique. Si l'innéité n'est plus une notion métaphysique mais scientifique, le débat contemporain devient une question entièrement empirique. Selon cette perspective, l'innéisme chomskyen est aussi éloigné de l'innéisme cartésien que la science l'est de la métaphysique. S'il est vrai que la perspective contemporaine se caractérise par un renoncement aux ramifications métaphysiques des doctrines rationalistes de l'âge classique et par un ancrage naturaliste du questionnement[2], il n'est cependant pas

1 Ces points sont mis en évidence par Cooper, 1972, Cottingham, 1988, Fodor, 2000 et Forest, 2012.

2 Carruthers *et al.*, 2005 ; Kitcher, 1992.

certain qu'elle puisse être entièrement décrite comme le passage d'une conception *a priori* des idées innées à une conception empirique.

DÉFINIR L'INNÉITÉ

Dés qu'on analyse rigoureusement l'usage qui en est fait dans la littérature scientifique, on s'aperçoit que la notion d'innéité renvoie à des propriétés à la fois logiquement hétérogènes et empiriquement dissociables. Il reste aujourd'hui impossible de ramener l'innéité à une propriété empirique[3].

Une définition introuvable ?

Il n'existe pas dans la littérature de consensus sur la définition de l'innéité : le remplacement de l'innéité par une propriété empirique à laquelle elle se trouve souvent associée reste toujours partiel ou arbitraire. Mameli et Bateson (2006) relèvent pas moins de vingt-six propriétés identifiées à l'innéité dans la littérature scientifique : pour n'en citer que quelques-unes, les philosophes contemporains ont cherché à définir l'innéité comme une « primitivité psychologique » (Samuels, 1998), une « spécification génétique », une « précocité », une « universalité », une « invariance » du développement (Sober, 1999), une « adaptation biologique » (Lorenz, 1965) ou une « spécificité de l'espèce » ou encore comme « une propriété requise pour l'occurrence d'autres propriétés dans le développement » (Wimsatt, 1986).

L'analyse systématique de ces différentes définitions que mènent Mameli et Bateson (2006) montre qu'aucune d'entre elles n'est véritablement satisfaisante. Chaque définition se révèle en effet soit erronée (incomplète ou contre-intuitive) soit circulaire (en reposant sur d'autres notions controversées requérant pour leur définition une référence à l'innéité)[4].

Parmi les définitions fausses, Mameli et Bateson distinguent les définitions trop restrictives (qui se réfèrent, par exemple, à la « non acquisition », la « présence à la naissance » ou la « détermination non environnementale ») et les définitions trop vastes (faisant appel notamment

3 Valentine Reynaud, « Innéité et canalisation du développement biologique », *Igitur*, vol. 8, nº 1, 2017, p. 1-14.

4 Reynaud, 2013.

à la « spécification génétique » ou à l'« invariance » du développement). Les premières réduisent trop fortement la classe des « traits innés », au risque de la voir disparaître : les traits non acquis et présents à la naissance sont très peu nombreux ; quant aux traits non déterminés par l'environnement, ils n'existent pas. Les secondes définitions étendent la classe des traits innés trop excessivement, au risque de la confondre avec les « traits non innés » : tous les trais sont, en un sens, « spécifiés génétiquement » et leur développement invariant peut toujours être dû à une invariance des conditions environnementales.

D'autres définitions sont fausses car elles définissent comme innés des traits qui se révèlent intuitivement comme non innés ou *vice-versa*. Par exemple, il est facile de fournir des contre exemples à certaines définitions qui réduisent l'innéité à l'« universalité au sein d'une espèce » ou bien à l'« adaptation biologique » (Lorenz, 1965). L'« universalité au sein d'une espèce » n'est de fait pas suffisante pour l'innéité : des compétences peuvent être à la fois spécifiques à une espèce et non innées, comme certaines capacités cognitives acquises (telle la lecture). L'« universalité au sein d'une espèce » n'est pas non plus nécessaire pour qu'un trait soit inné : certains traits non spécifiques à une espèce sont innés de façon évidente (comme les yeux, par exemple). De façon similaire, être une « adaptation biologique » n'est ni une condition suffisante ni une condition nécessaire pour être un trait inné. D'une part, la question de savoir s'il peut y avoir des adaptations biologiques qui ne sont pas innées reste ouverte aujourd'hui (ce qui nécessiterait une hérédité épigénétique mise en évidence aujourd'hui par certains chercheurs[5]). D'autre part, tous les traits innés ne peuvent être des adaptations biologiques : les maladies génétiques ne sauraient en effet être considérées comme des avantages dans l'évolution.

Quant aux définitions vraies de l'innéité, on peut dire qu'elles le sont seulement parce qu'elles reposent sur des intuitions, ce qui les rend tautologiques, non informatives ou circulaires. Elles ont en effet recours à des notions dont la définition requiert elle-même de savoir ce qu'est l'innéité. Par exemple, dire qu'un trait inné est un trait qui est « le fruit d'une maturation biologique » ne nous éclaire en rien. Autre exemple : dire qu'un trait inné est un trait « non appris » n'est

5 Eva Jablonka et Marion Lamb, « The Changing Concept of Epigenetics », *Ann N Y Acad Sci.*, 981, 2002, p. 82-96.

pas probant si l'on définit « appris » par « non inné », comme semble le faire la conception de l'innéité comme « primitivité psychologique » défendue par Samuels. Il est toujours possible d'interpréter des propriétés comme la « maturation biologique », l'« invariance développementale » ou l'« absence d'apprentissage » comme résultant de l'influence récurrente de l'environnement.

En somme, quelle que soit la définition que l'on donne à l'innéité, il est toujours logiquement possible de penser que des traits prétendument innés selon cette définition ne le sont pas en réalité et *vice-versa*. Mameli et Bateson (2006) concluent leur examen en disant que toute définition de l'innéité invoque des notions elles-mêmes controversées ou dont la définition requiert de savoir déjà ce que « inné » signifie. La tentative pour attribuer un contenu empirique précis à l'innéité semble donc vaine.

La théorie des i-propriétés

Soulignant les difficultés de la plupart des définitions de l'innéité, Mameli et Bateson (2006 ; 2007) proposent de renoncer à une définition complète de l'innéité (en termes de propriétés nécessaires et suffisantes) au profit de la mise en évidence de propriétés que les traits innés ont tendance à posséder et qui sont souvent associées à l'innéité par les scientifiques. Ces « i-propriétés » fournissent des preuves ou des indices empiriques en faveur de l'innéité d'un trait. Elles regroupent les propriétés déjà évoquées comme celle d'être une « adaptation darwinienne », la « non plasticité développementale », l'« absence d'apprentissage », l'« invariance développementale » ou l'« universalité au sein d'une espèce ». Mameli et Bateson envisagent alors deux scénarii possibles.

Le premier scénario prédit que les i-propriétés sont fortement connectées entre elles. Elles constituent un groupe cohérent de propriétés qui coexistent au sein d'un trait inné. Dans ce cas, l'innéité garderait un usage scientifique et pourrait jouer un rôle positif dans la théorie du développement. La proposition de Wimsatt (1985) qui définit l'innéité comme « une propriété requise pour l'occurrence d'autres propriétés dans le développement » s'en trouverait validée. Cette proposition tient en effet compte de la convergence de plusieurs i-propriétés : les traits innés sont ceux qui apparaissent de façon précoce dans le développement et dont l'occurrence rend possible le développement d'autres traits. Ces traits ont, en outre, tendance à être conservés par l'évolution.

Le second scénario prévoit que les i-propriétés ne sont pas fortement connectées entre elles. Dans ce cas, le concept d'innéité n'a aucune utilité scientifique et il devient impossible d'identifier des traits innés.

Le choix entre le scénario 1 et le scénario 2 nécessite de trancher des questions empiriques délicates et non encore résolues, ce que Mameli et Bateson refusent de faire. Si certaines i-propriétés peuvent être de bons indices de l'innéité, la définition de l'innéité comme la possession de la plupart des i-propriétés reste problématique pour au moins trois raisons.

Premièrement, pour l'instant – ce que Mameli et Bateson admettent – nous ne possédons pas de données suffisantes pour montrer que ces i-propriétés ont tendance à co-varier systématiquement. Dans de nombreux cas, les i-propriétés ne sont pas données ensemble et nous n'avons aucun moyen de prouver qu'il s'agit de cas isolés. Deuxièmement, il n'est pas sûr qu'un trait qui possède les i-propriétés énumérées soit inné. Il reste logiquement possible qu'il ne le soit pas. Il faudrait donc en outre systématiquement montrer que chaque i-propriété ne résulte pas de la stabilité des conditions environnementales. L'attestation de la présence des i-propriétés est, en outre, elle-même controversée, comme le montre, par exemple, les nombreux débats sur la nature adaptative des facultés mentales. Enfin, quand bien même l'innéité d'un trait qui possède un grand nombre d'i-propriétés serait établie, il n'est pas sûr que ce type de trait épuise toute la classe des traits innés. Les chercheurs aujourd'hui sont loin de s'accorder sur une liste déterminée de traits innés.

LES IDÉES INNÉES, DES PRINCIPES *A PRIORI*

L'innéité, condition de l'acquisition de la connaissance

Il est, aujourd'hui encore, impossible de définir l'innéité comme un ensemble fini de propriétés empiriques nécessaires et suffisantes. En analysant les différentes théories innéistes contemporaines, on remarque que l'innéité reste une notion théorique, une notion *a priori* au sens où tout ce qui relève de l'équipement inné de l'esprit humain est considéré comme conditionnant l'apprentissage et l'acquisition de la connaissance[6].

6 Reynaud, 2014 ; Reynaud, 2017.

La théorie contemporaine des idées innées est loin d'être une thèse entièrement empirique et implique la référence à des principes *a priori* déduits à partir d'une analyse de la connaissance que nous possédons. Fervent défenseur de l'innéisme chomskyen, Katz (1971) s'autorise à parler d'« idées innées » pour dénoter les composants d'un procédé permettant de se représenter intérieurement les règles linguistiques, dont l'existence est inférée à partir de l'étude de l'acquisition et de la maîtrise de la langue :

> [L]es idées innées sont les parties d'un système de principes pour organiser une expérience dont l'existence a été hypothétiquement inférée à partir de la performance linguistique des locuteurs dans leur acquisition et leur utilisation du langage. (Jerry Katz, *La philosophie du langage*, Paris, Payot, 1971, p. 225.)

Avec Chomsky, ils s'inspirent de la méthode transcendantale kantienne qui consiste à inférer, à partir des phénomènes, ce qui sous-tend et rend possible leur réalisation. Leur démarche consiste ainsi à « poser dans un esprit kantien des propositions *a priori* concernant les propriétés des phénomènes linguistiques déductibles de la théorie des principes innés qui spécifie les caractéristiques générales de la connaissance du langage et la manière dont ces principes organisent l'expérience linguistique » (Chomsky et Katz, 1975, p. 79).

Fodor utilise le même type de raisonnement qui justifie le recours à l'innéité à partir d'une analyse des conditions de l'apprentissage :

> J'ai souscrit en somme à un schéma d'argument du type suivant : vous me dites ce que vous pensez être appris (quand P est appris), et je vous dirai ce que vous devez supposer comme étant mis à la disposition de manière innée (*innately available*) du dispositif d'apprentissage. (Fodor, in Piattelli-Palmarini, 1979, p. 468.)

Dans tous les cas, c'est donc l'analyse de la situation d'apprentissage et de la connaissance que nous possédons (telle que la mènent les innéistes) qui implique logiquement l'existence des idées innées. L'innéité est donc la conclusion d'un raisonnement montrant la nécessité d'un point de départ qui rende possible et conditionne l'acquisition de la connaissance. Sans innéité, il n'y a pas de prémisses sur lesquelles formuler des hypothèses. Selon Chomsky, c'est le caractère *a priori* des principes qu'il postule qui fait écho aux idées innées de l'âge classique :

> Je voudrais suggérer que la recherche contemporaine défend une théorie des principes psychologiques *a priori* qui entretient une certaine ressemblance avec la doctrine classique des idées innées. (Chomsky, 1967, p. 2.)

Comme l'a établi la première partie de cette ouvrage, l'innéité cartésienne signifie bien l'antériorité logique des principes qui conditionnent l'acquisition de la connaissance.

Mais en réalité, tout apprentissage, quel qu'il soit, présuppose un point de départ qui le rende possible. Les théories innéistes ne sont pas les seules à avoir recours à l'innéité : même les théories empiristes, sont *ipso facto* innéistes à l'égard de quelque chose. Parce que rien n'est jamais absolument donné ou primitif, l'empiriste admet lui-même que tout individu a besoin au minimum de mécanismes d'apprentissage innés. Lorsque John Locke affirme dans son *Essai sur l'entendement humain* qu'il est plus économique d'être empiriste que d'être innéiste, il n'en admet pas moins l'existence de capacités naturelles d'apprentissage, données au départ, c'est-à-dire innées. Dans le système lockéen, l'esprit possède une structure composée d'un ensemble d'aptitudes et de capacités natives. Il ne faut donc pas se méprendre sur le sens des passages où Locke qualifie l'esprit avant l'expérience de « table rase » ou de « papier blanc[7] ». Ce que suggèrent ces métaphores – la passivité non structurée de l'esprit – dépasse ce que Locke pense vraiment[8]. Elles signifient bien que l'esprit ne contient aucune idée innée, mais non pas qu'il est dénué de toute forme ou de toute structure innée[9]. Le caractère vierge de l'esprit concerne uniquement le contenu inné et non ses capacités naturelles[10].

Il en est de même pour les empiristes contemporains qui admettent tout autant l'existence de capacités innées. Selon eux, les langues humaines sont apprises par la combinaison de mécanismes innés d'apprentissage et de contraintes sur la perception, le traitement et le production du discours. Certes, l'« empirisme éclairé » proposé par Cowie (1999) affirme que l'enfant peut apprendre ce dont il a besoin pour connaître une langue sans posséder de surcroît une faculté innée dédiée au langage. Mais, selon cette approche, si l'enfant est capable d'apprendre le langage sans connaissance innée, c'est parce qu'il possède des mécanismes innés

7 Locke, *Essai sur l'entendement humain*, II I 2 ; I II 22.
8 Bennett, 1982.
9 Brickman, 2001.
10 Locke, *Essai sur l'entendement humain*, I III 3.

d'extraction de l'information puissants et efficaces, capables d'exploiter la richesse de l'environnement. L'apprentissage du langage ne requiert plus une grammaire universelle innée mais suppose tout de même des biais et des stratégies innés qui le facilitent. De la même manière, les réseaux connexionnistes ainsi que les méthodes statistiques ou probabilistes qui permettent de simuler les stratégies empiristes d'apprentissage possèdent tous immanquablement une structure prédéfinie. Il en va de même dans le domaine des concepts : la conception empiriste pose un mécanisme inné d'attention sélective, qui permet d'extraire les composants de l'expérience perceptive pour établir des simulateurs qui fonctionnent comme des concepts. Ce processus de simulation fonctionne ainsi depuis la naissance[11]. Quant à la modularisation de l'esprit défendue par Buller (2005), elle est également rendue possible par l'existence de tendances initiales innées (réalisées dans le cortex par des connexions initiales établies entre les neurones), façonnées par la sélection naturelle, qui orientent l'attention et initient une séquence de conjectures et réfutations sur le monde, à l'origine de l'acquisition de la connaissance.

Ainsi, il semble bien que toute explication satisfaisante du développement d'un trait requière d'attribuer à l'organisme des capacités innées[12]. Autrement dit, les énoncés relatifs à l'innéité ne sont jamais indépendants de la façon de concevoir l'apprentissage et de la vision spécifique du développement au sein desquelles ils s'inscrivent. Les positions innéiste et anti-innéiste reposent ainsi sur des conceptions rivales du développement. En ce qui concerne le langage, la thèse chomskyenne de l'innéité de la grammaire universelle s'appuie sur une vision maturationnelle (et idéalisée) du développement linguistique qui interprète la maîtrise d'une construction grammaticale isolée comme le signe de la possession par l'enfant d'une règle correspondante[13]. La thèse rivale de Putnam et Cowie propose une théorie de l'apprentissage orienté, qui définit un cadre d'apprentissage statistique, probabiliste ou holistique contraint, attribuant à l'enfant de puissants mécanismes d'extraction de l'information présente dans l'environnement. En ce qui concerne

11 Barsalou, 1999.

12 C'est l'affirmation centrale de la théorie de l'innéité comme résidu de l'explication développementale (Reynaud, 2010 ; Reynaud, 2013 ; Reynaud, 2014 ; Reynaud, 2017).

13 Chomsky, 1985.

les concepts, la théorie de Fodor conçoit l'acquisition de la plupart des concepts comme une activation biologique, ce qui revient presque à nier l'existence du développement cognitif :

> Je suis enclin à douter qu'il existe quelque chose comme le développement cognitif au sens où les psychologues cognitifs développementaux l'entendent. (Fodor, 1998a, p. 6.)

A contrario, selon l'empirisme conceptuel, les concepts sont construits par l'esprit en développement comme des classes de représentations mentales d'origine perceptive. En ce qui concerne, enfin, les autres domaines cognitifs, la conception maturationnelle du développement de la connaissance défendue par les modularistes s'oppose frontalement à la vision du développement comme modularisation au cours de laquelle les représentations spécifiques sont façonnées par la rencontre entre un mécanisme général d'apprentissage et un environnement particulier.

Les théories contemporaines que l'on pourrait qualifier de « constructivistes » proposent des théories mêlant éléments innéistes et éléments empiristes, et se voient alors contraints de redéfinir le développement cognitif comme une construction de structures. Celui-ci n'est ni une maturation biologique, ni une simple extraction de régularités environnementales. Par exemple, selon Tomasello (2003), le développement linguistique opère par l'assimilation de constructions linguistiques particulières employées dans un contexte spécifique.

Nécessité et universalité chez Descartes et Chomsky

Selon Cooper (1972), l'hypothèse ancienne de l'innéité convoque un sens *a priori* des notions de nécessité et d'universalité alors que l'hypothèse nouvelle utilise ces notions en un sens strictement empirique. Par « idées innées », les philosophes modernes entendent, en effet, soit la conscience explicite de certains concepts (géométriques, par exemple) ou vérités, soit la disposition spécifique à acquérir cette conscience, selon des stimulations appropriées. Les idées cartésiennes innées sont accessibles à la conscience par l'introspection. Au contraire, dans le débat contemporain, attribuer des représentations innées à un individu n'implique plus que celui-ci ait un accès explicite ou conscient à elles. Dans le modèle chomskyen, l'enfant n'a pas conscience des principes linguistiques innés qu'il est censé posséder. Il n'a pas même besoin d'être capable de reconnaître leur évidence s'il rencontre les stimulations appropriées. Dans la lignée de Cooper, certains commentateurs considèrent que l'apparition de ce niveau tacite instaure une différence fondamentale entre la notion moderne et la notion contemporaine de « connaissance innée[14] ». Le terme de connaissance n'est plus limité aujourd'hui à une véritable connaissance, nécessaire et explicite. Il est désormais à interpréter de manière vague comme tout ce qui est impliqué dans une tâche cognitive considérée.

Les idées ou principes innés autrefois nécessaires et explicites changeraient donc de nature : on attribue à l'enfant une connaissance tacite dont lui-même n'est pas forcé de reconnaître l'évidence, lorsque celle-ci est rendue explicite[15]. Ces mêmes commentateurs insistent également sur le fait que les idées innées ne sont plus universelles au sens logique où elles seraient infalsifiables empiriquement et écologiquement valides dans tous les mondes possibles. L'universalité de la connaissance linguistique innée postulée par Chomsky est désormais contingente et relative aux langues humaines[16]. Elle est « une universalité par rapport aux langues humaines réelles et possibles, et elle n'a rien à voir avec une nécessité rationnelle qui vaudrait pour toutes les créatures pensantes (au sens où telle vérité logique vaudrait universellement, c'est-à-dire dans tous les mondes possibles) » (Forest, 2012, p. 142). En un mot, la nécessité au sens contemporain se réduirait à ce qui est requis pour l'apprentissage et l'universalité à ce qui est généralement possédé par les êtres humains.

Il y aurait donc une différence majeure entre idées innées cartésiennes et principes innés chomskyens en ce que les unes sont explicites, conscientes et validées par la raison et les autres restent implicites, inconscientes et infra-rationnelles. Cette différence semble d'ailleurs s'accroître lorsque les innéistes contemporains considèrent les connaissances innées comme le fruit d'un processus évolutif. L'abandon du cadre métaphysique dissocie complétement l'innéité de la vérité instituée ou garantie par Dieu. Une compréhension raisonnable (non intentionnelle) de l'évolution admet que celle-ci n'a aucune raison de favoriser les croyances vraies, dans la mesure où des croyances fausses peuvent être avantageuses pour la survie et la reproduction. Par exemple, les rats ont une préférence innée pour

14 Cottingham, 1988.
15 Fodor, 2000 ; Cottingham, 1988.
16 Fodor, 2000.

la douceur et une aversion innée pour l'amertume. Or cette préférence n'est pas un gage systématique de succès : toutes les choses amères ne sont pas toxiques, toutes les choses douces ne sont pas nutritives[17]. Ainsi, le renoncement à une vision téléologique de la nature humaine rend possible l'existence de représentations ou de croyances innées non justifiées : le fait que mes croyances sont innées ne peut plus préjuger de leur vérité.

Cependant, il n'est pas sûr que la différence entre les idées innées de l'âge classique et les idées innées contemporaines soit aussi importante que ne le soutiennent ces commentateurs. D'une part, comme cela a été souligné dans la première partie, il n'est pas sûr que Descartes ait rejeté la notion de connaissance inconsciente[18]. Chez Descartes, les idées innées agissent dans l'esprit même sans que l'on en prenne vraiment conscience, sans que l'on ait besoin de les valider par la raison. Elles sous-tendent notre raisonnement et notre perception du monde. L'innéité cartésienne ne concerne pas que les vérités éternelles mais touche également les sentiments, les choses relatives à l'union qui sont infra-rationnelles. Et c'est bien ainsi que Chomsky la comprend :

> Il n'est pas correct d'affirmer – comme le font beaucoup – que sa doctrine des idées innées [celle de Descartes] ne vise qu'à rendre compte des « vérités nécessaires », telles qu'on les comprend dans les discussions contemporaines. Dans le cadre d'une théorie des idées innées, Descartes développe une théorie de la perception, par exemple [...]. (Chomsky, 1981, p. 267-268.)

D'autre part, nous pouvons remarquer que les notions cartésiennes de nécessité et d'universalité dépendent de la volonté de Dieu, ce qui rend le contenu des idées innées lui-même dépendant de la volonté de Dieu. La doctrine de la création des vérités éternelles implique qu'il n'y a aucune contrainte sur ce que Dieu peut vouloir être vrai de toute éternité. Le fait que c'est Dieu qui grave les contenus propositionnels fournit à ces derniers une légitimité épistémique. Les propositions que nous trouvons gravées en nous sont vraies parce que Dieu n'est pas trompeur. On peut dire qu'elles sont des vérités nécessaires. Mais cela signifie seulement que nous sommes contraints de les croire étant donné que nous percevons clairement et distinctement. Selon certains

17 Gallistel *et al.*, in Carey et Gelman (edit.), 1991.

18 Chomsky, 1981, p. 259.

commentateurs, la thèse de la création des vérités éternelles implique de nier que la nécessité des vérités nécessaires est elle-même nécessaire[19]. C'est, en tous cas, ce qui permet à Malebranche de dénoncer la confusion entre la logique et la psychologie à l'œuvre dans la notion cartésienne d'idées innées[20]. Inversement, dans les théories contemporaines des idées innées, les notions d'universalité et de nécessité ne sont pas des notions entièrement empiriques. Certes, pour Chomsky, la nécessité n'a plus un sens métaphysique ; elle a un sens biologique. Mais elle n'en perd pas pour autant sa dimension normative, comme le montre cet extrait :

> Le système des principes, des conditions et des règles qui sont des éléments ou des propriétés de toutes les langues humaines, pas simplement par accident, mais par nécessité – nécessité biologique et non logique, évidemment. (Chomsky, 1981, p. 40).

La nécessité biologique fait référence à une nature humaine, qui n'est plus conçue comme créée par Dieu mais qui n'en a pas moins des caractéristiques spécifiques. En outre, l'universalité des structures linguistiques n'est pas directement lisible empiriquement mais elle est inférée de l'analyse des langues et de l'apprentissage du langage.

LA LECTURE CONTINUISTE DE L'HISTOIRE DE LA PHILOSOPHIE

UNITÉ PROBLÉMATIQUE ET PLURALITÉ DOCTRINALE

La révolution cognitive de l'âge classique

Ce que l'on appelle communément la révolution cognitive correspond à l'émergence des sciences cognitives dans les années 1950-1960. Mais si l'on comprend la révolution cognitive comme la recherche systématique d'une explication scientifique de l'esprit, on peut considérer à l'instar

19 Ian Hacking, « Leibniz and Descartes : Proof and Eternal Truths », in *Rationalism, Empiricism, and Idealism*, Kenny, E. (edit.), Oxford, The Clarendon Press, 1986, p. 52-53.

20 Malebranche, *Conversations chrétiennes*, III (OCM iv. 75).

de Chomsky et Fodor que celle opérée dans les années 1950 n'est pas la première ou que ses origines remontent à l'âge classique. Chomsky s'inscrit dans la continuation d'un mouvement amorcé au XVIIe siècle[21]. Plus précisément, le débat opposant rationalistes et empiristes aux XVIIe et XVIIIe siècles annonce déjà le programme des sciences cognitives[22]. Le questionnement mené par eux s'attaquait à des problèmes conceptuels qui touchaient les sciences. Les philosophes de l'âge classique recherchaient des positions crédibles d'un point de vue empirique :

> Descartes, Hume et Kant se sont heurtés à des problèmes qui étaient aux limites de la connaissance scientifique, à la fois de nature conceptuelle et empirique, et ils cherchaient des preuves pour justifier leurs spéculations théoriques. (Chomsky, 1981, p. 156-157.)

Le souci légitime de la confirmation empirique, présent aussi bien chez les rationalistes que chez les empiristes de l'époque classique, ne signifie donc pas que l'on soit forcé de soutenir une doctrine empiriste. Chomsky prend l'exemple de l'hypothèse cartésienne du dualisme ontologique : bien qu'elle paraisse à nos yeux empreinte d'une métaphysique dépassée, cette hypothèse est bien le résultat d'une approche scientifique. Pour la première fois avec le cartésianisme, le corps est expliqué pour lui-même grâce aux seules notions de propriétés géométrico-mécaniques, indépendamment des notions téléologiques de tendances, inclinations, conservations, adaptations. Et c'est précisément la constitution d'une connaissance scientifique et autonome du corps qui motive l'hypothèse du bisubstancialisme. C'est parce que certaines propriétés de la pensée (et certains traits de la faculté de langage) sont inexplicables en termes de système physique (pour la mécanique classique pré-newtonienne) et de comportement, que la position cartésienne semble raisonnable et scientifique selon Chomsky :

> Comme scientifique, il [Descartes] pensait pouvoir expliquer une grande partie du comportement humain, entre autres, en termes de principes mécanistes. Mais il s'est senti obligé de postuler une deuxième substance, dont l'essence est censée rendre compte des observations qu'il pouvait faire sur les hommes (lui-même et d'autres) [...]. (Chomsky, 1981, p. 267-268.)

---

21 Chomsky, 2001.

22 Howard Gardner, *The Mind's New Science. A History of the Cognitive Revolution*, Basic Books, 1985.

Descartes est ainsi le premier à explorer la nature de l'esprit humain et son fonctionnement. Il est le premier à prendre conscience de sa complexité qui le distingue par nature des capacités et des principes que les animaux ou les automates peuvent réaliser. En 1966, Chomsky considère que :

> Nous pouvons difficilement nous targuer d'avoir vraiment progressé depuis le XVIIe siècle dans la caractérisation du comportement intelligent, des moyens par lesquels on l'acquiert, des principes qui le gouvernent, ou de la nature des structures qui le sous-tendent. (Chomsky, 1969, p. 30.)

Selon Fodor, c'est bien Descartes qui a déterminé en premier le but de la philosophie scientifique telle qu'on la pratique aujourd'hui : il s'agit de comprendre ce que sont les représentations mentales sur la base desquelles les organismes agissent et de rendre explicites les lois et processus causaux qui les subsument[23]. Descartes a mis en évidence le fait que la sensation donne à l'esprit l'occasion d'exercer sa propre activité et de construire ainsi des idées intelligibles à l'intérieur de lui-même. Avec Descartes, on a affaire alors à la naissance d'une science psychologique d'un genre nouveau[24]. Quant à la science de la nature humaine proposée par Hume, elle s'inscrit de façon évidente dans ce même désir d'exploration scientifique de l'esprit et Chomsky s'y réfère[25]. Kant détient également une place importante dans la constitution du programme des sciences cognitives[26]. Chomsky considère Kant comme un continuateur de l'investigation cartésienne de l'esprit et comme une référence privilégiée pour les sciences cognitives :

> Le terme « sciences cognitives » est parfois employé pour désigner la recherche empirique sur les capacités cognitives (vision, langage, raisonnement, etc., autant de composantes de la science de la nature humaine qui peuvent ne pas faire l'objet d'une discipline unitaire), et parfois pour désigner la réflexion sur la nature de l'esprit. En ce second sens, on peut soutenir de manière plausible que l'innovation méthodologique centrale de Kant, la méthode de l'argumentation transcendantale, est devenue une méthode importante, voire la plus importante, des sciences cognitives (Brook, 1994, p. 12). (Chomsky, 2005, p. 348).

23 Fodor, 1998a.
24 Gardner, 1985.
25 Chomsky, 2005.
26 Gardner, 1985.

La démarche centrale des sciences cognitives consiste bien à chercher les antécédents psychologiques inobservables du comportement observé. Comme nous l'avons déjà souligné, Chomsky s'inspire fortement de la méthode transcendantale. La question qu'il pose dans son œuvre possède une tonalité kantienne évidente : comment l'acquisition d'une langue est-elle possible ? Cette question est intimement liée au problème de savoir ce qu'est une langue humaine : les conditions qui rendent possible l'acquisition d'une langue sont aussi celles qui déterminent la structure commune aux langues humaines possibles.

Kant et les idées innées

Kant représente une référence privilégiée pour les sciences cognitives et pour la théorie chomskyenne en particulier. Ce dernier point peut néanmoins paraître surprenant dans la mesure où la condamnation bien connue que Kant formule à l'égard de l'innéisme paraît sans appel. Kant s'en prend de façon virulente au système de « préformation de la raison pure » que les commentateurs ont identifié au système leibnizien. Ce système considère les concepts comme des représentations innées, c'est-à-dire comme « des dispositions subjectives à penser [*subjektive Anlagen zum Denken*] qui sont nées en nous en même temps que l'existence, et que l'auteur de notre être a réglées de telle sorte que leur usage s'accordât exactement avec les lois de la nature auxquelles conduit l'expérience (ce qui est une sorte de système de préformation de la raison pure) » (Kant, *Critique de la raison pure*, § 27).

L'innéisme, tel que le comprend Kant, fait des concepts de l'entendement des connaissances déjà toutes constituées. Il attribue alors aux idées un rapport miraculeux aux choses en soi. Kant reproche à la doctrine des idées innées d'être passive voire paresseuse. La forme du phénomène, si elle est imposée par la spontanéité du sujet, ne saurait préexister à l'expérience. En d'autres termes, si elle est *a priori*, elle n'est pas innée selon Kant. Mais la forme du phénomène n'est pas non plus acquise passivement. Kant rejette de façon tout aussi ferme l'empirisme. Ni la théorie des idées innées ni l'hypothèse empiriste de la table rase ne sont une bonne solution au problème de l'origine de la connaissance et des formes *a priori*. Il présente sa position comme une troisième voie échappant aux écueils des deux autres. Depuis la *Dissertation* de 1770,

Kant considère que les concepts purs sont le résultat d'une « *acquisitio originaria* » : leur acquisition et leur découverte ne s'accomplissent toujours que dans le cadre de l'expérience, par abstraction[27]. Les formes *a priori* sont coproduites avec l'expérience. Dans la « Réponse à Eberhard », Kant distingue entre représentation « innée », représentation « acquise originairement » et représentation « acquise d'une manière dérivée ». Il y a donc deux modalités de l'acquisition : l'acquisition *a priori* qui correspond à la production pure des catégories et l'acquisition *a posteriori*.

Ainsi, Kant refuse l'innéisme qui affirme qu'il y a en nous des représentations ne faisant l'objet d'aucune acquisition. Plus précisément, Kant rejette le préformationisme et propose une analogie avec le processus biologique de l'épigenèse. Dans le paragraphe 27 de la *Critique de la raison pure* cité ci-dessus, il parle du « système d'une épigenèse de la raison pure ». Le terme biologique d'« épigenèse » désigne la production d'un être original qui, pour être nécessairement déterminé par la nature d'un germe, ne se trouve pas pour autant préformé par la nature de ce germe. Mais Kant ne défend pas non plus l'idée que tout dans notre connaissance est tiré de l'expérience, que tout nous est connu *a posteriori*.

La notion d'« acquisition originaire » ou d'« épigenèse *a priori* » de la raison pure est loin d'être claire : ses différentes interprétations soit vont trop loin dans le rejet de l'expérience et en viennent à soutenir que l'épigenèse est réductible à un certain type de préformation, soit elles vont trop loin dans le rôle qu'elles accordent à l'expérience dans la production des catégories[28]. Il n'est donc pas sûr qu'elle soit incompatible avec l'innéisme, dans la mesure où elle requiert une disposition originaire de l'esprit[29]. Pour Jacques Bouveresse (2006, p. 118), la concordance remarquable qui semble exister entre ce que Kant appelle la spontanéité des concepts et l'expérience pourrait même être le résultat d'une longue évolution que la théorie darwinienne nous permet d'expliquer.

La « Réponse à Eberhard » affirme bien la présence dans le sujet d'un « fondement par lequel il est possible que les représentations en question naissent ainsi et pas autrement, et qu'en outre elles puissent être rapportées à des objets qui ne sont pas encore donnés ; et c'est ce

27 Grondin, Jean, *Kant et le problème de la philosophie : l'a priori*, Paris, Vrin, p. 56.

28 Malabou, 2014.

29 Bouveresse, 2006.

fondement qui, à tout le moins, est inné[30] ». C'est ainsi que Chomsky peut voir en la grammaire universelle innée un principe transcendantal, une condition d'intelligibilité :

> Il semble que la connaissance d'une langue – une grammaire – ne puisse être acquise que par un organisme « pré-doté » d'une restriction sévère sur la forme de la grammaire. Cette restriction innée est une pré-condition, au sens kantien du terme, à l'expérience linguistique… (Chomsky, 2001, p. 131)

Ainsi, malgré la condamnation explicite de la théorie des idées innées que l'on trouve sous sa plume, Kant, à bien des égards, pourrait lui-même être considéré comme un innéiste. Faire de Kant un adversaire de l'innéisme revient à cantonner ce dernier à une lecture préformationniste.

Le problème de Platon

Innéisme de l'âge classique et innéisme contemporain possèdent un air de famille qui transparaît dans la manière de poser le « problème de l'apprentissage » que Chomsky décrit dans les termes suivants :

> Ils [les rationalistes du XVIIe siècle] remarquent que le savoir se construit à partir de données éparses et inadéquates et qu'il y a des uniformités dans ce qui est appris qui ne sont nullement déterminées de façon univoque par ces mêmes données. En conséquence, on attribue ces propriétés à l'esprit, et on en fait des conditions préliminaires à l'expérience. (Chomsky, 1969, p. 103-104).

Chomsky désigne ce problème de l'apprentissage comme le « problème de Platon » qui met en évidence le contraste existant en l'homme entre la « pauvreté » de son expérience sensible et la « richesse » de la connaissance qu'il est capable d'atteindre. Une théorie des idées innées s'imposerait donc comme la réponse au « problème de Platon » (Chomsky, 1986). L'argument de la pauvreté du stimulus repose sur le constat d'un fossé entre la connaissance et l'expérience linguistique, de sorte qu'émerge explicitement la nécessité de recourir à une faculté spécifique innée pour combler ce gouffre[31]. Il se situe alors dans la droite lignée du raisonnement justifiant la théorie des idées innées de Platon, Descartes

---

30 Kant, « Réponse à Eberhard », in *Œuvres philosophiques*, Paris, Gallimard, « Bibliothèque de la Pléiade », vol. II, 1985, p. 1351-1353, traduction proposée par Malabou, 2014, p. 10.

31 Chomsky, 2001, p. 115.

et Leibniz. Platon est en effet le premier à souligner le contraste entre expérience et connaissance de façon explicite, lorsqu'il expose sa théorie de la réminiscence, dans le *Ménon*, 80d-86d (qui conclut à l'innéité de la connaissance géométrique) et le *Phédon*, 74b-c (qui conclut à l'innéité de l'idée d'égalité). Il est donc possible de voir dans ces deux textes platoniciens la forme de l'argumentation principale justifiant l'innéisme : la connaissance doit être innée en vertu de la disparité entre sa nature « riche », nécessaire et universelle (due pour Platon à la perfection de son objet, les Formes) et la nature « pauvre », contingente et particulière des stimulations extérieures (due à l'imperfection de son objet, le sensible). L'innéisme découle de l'incapacité de l'expérience sensible à constituer à elle seule la connaissance. L'expérience n'en est pas moins nécessaire pour déclencher la remémoration de la connaissance innée. L'argument de la pauvreté du stimulus existe donc déjà chez Platon.

À l'instar de la théorie platonicienne de la réminiscence, la théorie cartésienne des idées innées vient combler l'écart qui sépare la connaissance de l'expérience sensible[32]. De manière récurrente dans son œuvre, Descartes insiste sur la discontinuité entre les impressions des sens et les notions conçues par l'esprit à l'occasion de ces impressions. L'idée innée par excellence est l'idée de Dieu (ou du parfait) car les sens restent incapables de nous la donner. Si Descartes n'a jamais nié qu'il y ait dans l'esprit la faculté d'amplifier les idées à partir des choses, de nombreux textes précisent que le pouvoir d'amplification, de passage à l'absolu est en nous la marque de l'infini, irréductible à notre finitude. Il en est de même dans le cas des idées géométriques innées pour lesquelles il y a une disproportion entre le petit nombre de figures données aux sens et le nombre illimité de celles que l'esprit peut imaginer sans les avoir jamais vues. L'idée de triangle ne peut avoir pour origine une figure empirique, moins parfaite qu'elle. Si celle-ci est pourtant reconnue comme une figure triangulaire, c'est sans aucun doute parce que son idée se trouve « déjà en nous ». Alors que le triangle possède une existence certaine, à strictement parler, aucun triangle n'existe empiriquement. Dans le cas des idées sensorielles, c'est non seulement une discontinuité entre elles et les corps mais une véritable dissimilarité qui rend leur innéité nécessaire[33].

32 Chomsky, 1985.

33 Marleen Rozemond, Descartes's Dualism, Cambridge, MA, Harvard University Press, 1998.

La version leibnizienne de la théorie des idées innées procède de la même disparité entre l'expérience sensible et la connaissance. La distinction opérée par Leibniz entre « les vérités de fait » et « les vérités de raison » oppose la contingence et la particularité des premières à la nécessité et l'universalité des secondes. Les sens ne nous donnent accès qu'à ce qui est, et non à ce qui doit être. L'expérience ne nous dit pas pourquoi mais comment les choses sont disposées[34]. La connaissance nécessaire et universelle nécessite pour son élaboration plus qu'une simple induction à partir de l'expérience sensible. Un véritable fossé sépare donc la connaissance rationnelle de la connaissance sensible[35]. La connaissance de la nécessité ne peut venir que de l'intérieur de l'âme[36]. Les vérités de raison ne peuvent être atteintes que par l'entendement lui-même.

Les penseurs de l'âge classique et les penseurs contemporains ont donc recours de la même manière aux idées innées comme une solution logique au problème de la pauvreté de l'expérience dont la finitude contraste avec l'infinité de la connaissance acquise. Dans l'article coécrit avec Katz (1975) en réponse à celui de Cooper, Chomsky justifie la filiation de sa théorie avec la doctrine cartésienne de la manière suivante : le plan du contenu où se joue l'interprétation proprement historique de la théorie des idées innées doit être clairement distingué du plan du problème substantiel. Si du point de vue du contenu, ses positions et celles de Descartes diffèrent de façon évidente, du point de vue épistémologique et logique en revanche, elles s'efforcent de résoudre un problème analogue.

Autrement dit, le contenu des idées innées diffère radicalement d'une pensée à l'autre. Il diverge chez Descartes et Chomsky comme il diverge déjà chez Descartes et Leibniz. L'important n'est pas le contenu lui-même mais le fait que ce contenu est supposé inhérent à notre esprit. Par conséquent, ce qui relie Chomsky à Descartes n'est pas la définition de la grammaire universelle innée, que ce dernier n'aurait peut-être pas acceptée ; c'est une manière similaire de poser le problème de l'acquisition de la connaissance, et partant de le résoudre[37]. Chez les deux auteurs,

34 Leibniz, « Système nouveau de la nature », in *Œuvres philosophiques de Leibniz*, Félix Alcan, 1900, tome premier, p. 635-644.

35 Même s'il y a quand même une certaine continuité entre connaissance rationnelle et connaissance sensible puisque la seconde n'est qu'une connaissance rationnelle confuse.

36 Leibniz, *Nouveaux essais sur l'entendement humain*, III III ; Leibniz, *Discours de métaphysique*, V.

37 Reynaud, 2018.

l'argument repose sur une inférence à la meilleure explication : ce qui manque au stimulus doit être produit par les ressources propres de l'organisme. Selon Chomsky :

> [L]e recours cartésien à l'argument de la pauvreté du stimulus n'est en rien « risible » ni « trivial », mais constitue au contraire un apport substantiel [...] à la caractérisation de l'esprit. [...] En fait, bien loin d'être « risibles », les conclusions de Descartes, ou du moins une variante, pourraient bien se révéler exactes, pour peu qu'on les entende dans ses propres termes et non dans ceux des débats philosophiques actuels. (Chomsky, 1985, p. 38-39.)

Il convient donc de dissocier au sein même de la théorie des idées innées deux thèses, une thèse concernant le contenu proprement dit des idées innées et la thèse de l'innéisme qui pose le caractère endogène du contenu. L'innéisme n'implique pas en lui-même de thèse particulière sur l'origine de nos idées innées. Il est en cela compatible aussi bien avec une origine divine qu'une origine biologique. Il implique seulement le fait que l'esprit soit doté d'un contenu inné qui rend possible l'accès à la connaissance. Autrement dit, la thèse d'une grammaire universelle innée est propre à la conception chomskyenne de la nature humaine mais l'innéisme en général est compatible avec plusieurs conceptions de la nature humaine, y compris avec l'hypothèse cartésienne de l'existence d'un Dieu vérace qui aurait implanté des semences de vérités en nous. C'est ce qui a permis à Chomsky lui-même, qui n'a pourtant jamais douté de la vérité de l'innéisme, de profondément modifier au fil des années le contenu de la faculté innée de langage : d'un ensemble de règles transformationnelles, la faculté de langage est passée à un ensemble plus restreint de principes, voire à un seul principe (« *Merge*[38] »). Pour bien comprendre cette distinction, il faut donc dissocier, au sein même de la pensée de Chomsky, deux thèses : une thèse concernant la nature de la faculté innée de langage : les principes contingents de la grammaire universelle rassemblant les universaux linguistiques qui sont biologiquement déterminés ; et l'innéisme : l'idée qu'il y a nécessairement des contraintes innées spécifiques qui rendent possible l'apprentissage. Alors que la première thèse est propre à Chomsky, la seconde est partagée par tous les innéistes. Il est vrai qu'il y a un lien entre les deux : il faut bien adhérer à la seconde thèse pour pouvoir développer la première.

38 Chomsky, 2005.

Cependant, les arguments qui mènent respectivement à l'une ou à l'autre sont distincts.

Ainsi, les deux théories – la théorie contemporaine des principes psychologiques *a priori* et la doctrine classique des idées innées – sont les conclusions d'un même type raisonnement qui entend résoudre un type de problème similaire. Ce raisonnement peut être caractérisé comme une déduction de la structure mentale innée à partir du contenu propositionnel des états mentaux[39]. Chomsky et Descartes prennent tous deux comme point de départ un système de propositions sémantiquement reliées à partir duquel ils vont déduire l'innéité d'un certain contenu. Descartes part des idées que l'esprit a en lui-même, l'idée de Dieu ou du triangle, pour en déduire leur innéité. Chomsky part de la connaissance linguistique possédée par l'enfant comprise comme un ensemble de principes abstraits et complexes. L'ontogenèse des capacités (épistémiques pour Descartes, linguistiques pour Chomsky) correspond alors au déploiement des conséquences déductives de ces croyances innées, produit par leur interaction avec un ensemble de données perceptives. Si l'innéisme se définit comme l'affirmation selon laquelle la structure psychologique endogène est dotée de contenu (en plus des mécanismes d'apprentissage), ce qui rend l'innéité de la connaissance linguistique nécessaire, ce n'est pas, comme certains semblent le penser[40], sa contingence mais c'est bien plutôt le raisonnement déductif opéré à partir de sa définition. On comprend alors pourquoi il y a dans l'histoire un lien étroit entre rationalisme et innéisme.

LA LINGUISTIQUE CARTÉSIENNE

Comme l'indique clairement le titre de son ouvrage paru en 1966, *La linguistique cartésienne*, Chomsky inscrit sa pensée dans la tradition cartésienne. Plus largement, il revendique un héritage rationaliste classique[41]. Voici ce qu'il écrit :

> En construisant la notion de « linguistique cartésienne », j'entends caractériser une constellation d'idées et d'intérêts apparue d'abord dans la tradition de la « grammaire universelle » ou « philosophique », inaugurée par la Grammaire

39 Fodor, 1983.
40 Forest, 2012.
41 Chomsky, 1969 ; Chomsky, 1985.

> générale et raisonnée de Port-Royal (1660) ; puis reprise dans la linguistique générale contemporaine de la période romantique ou immédiatement postérieure ; ainsi que dans la philosophie rationaliste de l'esprit qui, dans une certaine mesure, a constitué l'arrière-plan commun à ces deux orientations. (Chomsky, 1969, p. 16, note 3.)

La généalogie de sa thèse de la grammaire universelle innée proposée par Chomsky, dessine le tracé d'une longue tradition intellectuelle qui remonte au rationalisme de Descartes[42].

Un qualificatif controversé

Pour dénoncer la référence chomskyenne à l'âge classique comme un excès de rhétorique, certains auteurs font valoir qu'il n'existe pas de linguistique cartésienne à proprement parler. Ils en veulent pour preuve que le domaine où s'exerce prioritairement la pensée de Chomsky – le domaine linguistique – est un domaine largement ignoré par les rationalistes et par Descartes en particulier. La question de l'acquisition du langage à l'origine de la réflexion de Chomsky reste totalement étrangère à l'enquête cartésienne sur la nature de nos idées. Descartes, même s'il accorde une place importante au langage, considère l'acquisition du langage comme un problème trivial (découlant simplement de la possession de la raison), en comparaison de l'acquisition de la connaissance[43]. Pour lui, il suffit d'être un être pensant pour être capable d'acquérir le langage. Comme il le souligne très ironiquement, il faut même très peu de raison pour savoir parler. Même l'homme le plus stupide peut apprendre le langage quand la plus intelligente des bêtes en est pourtant incapable. Chomsky le remarque lui-même : Descartes ne s'intéresse pas plus avant aux propriétés présentes en nous, en vertu desquelles nous pouvons apprendre et utiliser une langue naturelle. Pis, Descartes n'a même jamais suggéré que la syntaxe des langues naturelles puisse être innée et pensait même que la langue est arbitraire[44]. Il manque une hypothèse cartésienne explicite sur la nature du langage. De façon générale, peu d'attention a été portée par les théoriciens modernes des

42 Elle passe également par la Grammaire générale et raisonnée de Port Royal (1660) et les platoniciens de Cambridge, Ralph Cudworth et Herbert de Cherbury.

43 Cowie, 2008.

44 Clarke, 2003.

idées innées sur la façon dont la connaissance linguistique est acquise et sur le rôle que celles-ci pourraient jouer dans ce processus[45]. Il y a donc une hétérogénéité évidente des domaines concernés par l'innéisme cartésien et l'innéisme chomskyen.

À l'inverse, traditionnellement, ce sont plutôt les empiristes des XVIIe et XVIIIe siècles qui se sont intéressés de prés à la question du langage. On pense immédiatement au livre III de l'*Essai sur l'entendement humain* de Locke ou à la partie II du tome 1 de l'*Essai sur l'origine des connaissances humaines* de Condillac entièrement dédiés à cette question. Locke formule même des remarques explicites sur les conditions de l'apprentissage du langage. S'il remet en question l'innéité des principes de la morale, il ne doute jamais de celle des principes du langage[46]. Il considère les capacités physiologiques à former des sons articulés et à utiliser ces derniers comme des signes comme des capacités naturelles que Dieu a mises en nous[47].

Un autre élément rend encore plus surprenante la qualification de la linguistique comme « cartésienne ». On s'accorde généralement sur le fait que la linguistique comme science du langage naît au XIXe siècle avec les travaux de Bopp[48] et que celle-ci s'est développée au cours du XXe siècle. Selon Mattews (1984), en deux ou trois siècles, l'étude du langage a connu une modification trop importante pour ne pas avoir transformé en profondeur les problèmes théoriques qui lui sont liés. Ainsi, les partisans de la discontinuité entre innéisme cartésien et innéisme chomskyen soulignent le fait que Chomsky, en s'intéressant au langage précisément, abandonne la généralité du questionnement mené par Descartes pour privilégier une étude empirique sur un domaine précis.

Le cartésianisme de Chomsky

Chomsky lui-même a bien conscience des différences qui séparent sa théorie de celle de Descartes :

> Nulle part, je n'ai suggéré que les conceptions de Descartes sur le langage « préfiguraient » les miennes (...). (Chomsky, 1981, p. 258.)

45 Cowie, 2008.
46 Forest, 2012.
47 Locke, *Essai sur l'entendement humain*, III I.
48 Voss, 1973.

Pourtant, Chomsky voit en la pensée de Descartes le point de départ historique de la constitution de la linguistique comme science du langage[49]. Pour comprendre cette affirmation, il suffit de la confronter aux observations de Descartes sur le langage qui bien qu'étant sporadiques et lacunaires n'en révèlent pas moins une conception proche de celle de Chomsky. Citons par exemple la lettre à Morus du 5 février 1649 :

> Ce langage est en effet le seul signe certain d'une pensée latente dans le corps ; tous les hommes en usent, même ceux qui sont stupides ou privés d'esprit, ceux auxquels manquent la parole et les organes de la voix, mais aucune bête ne peut en user ; c'est pourquoi il est permis de prendre le langage pour la vraie différence entre les hommes et les bêtes. (Descartes, 1897-1913, AT V 275-276 ; Descartes, 2010, III, p. 885.)

Le langage pour Descartes est le propre de l'homme. Il est ce qui différencie par nature l'homme de l'animal. L'animal n'agit que par impulsion naturelle. Si même le plus idiot des hommes est capable de parler, c'est que le langage révèle non pas un degré d'intelligence mais une organisation spécifique de l'esprit. Il révèle la présence de la pensée parce qu'il reflète son caractère créateur.

Chomsky qualifie sa linguistique de « cartésienne » pour montrer qu'il reprend la définition cartésienne de la fonction du langage, non comme une fonction de communication, mais avant tout comme une fonction d'expression de la pensée liée à la capacité de combiner des symboles à l'infini[50]. Chomsky reprend l'idée cartésienne selon laquelle le langage révèle la possession de la raison universelle. La lettre au marquis de Newcastle de 1646 affirme que tout homme utilise le langage pour exprimer sa pensée. Pour Chomsky, l'indépendance du langage humain vis-à-vis de la stimulation environnementale révèle les capacités uniques de l'être humain pensant. Les principes qui sous-tendent la faculté de langage, que Chomsky identifient à la récursivité et à la capacité à traiter des infinités discrètes, sont sans analogue dans le monde animal[51]. Les animaux développent leurs structures intellectuelles entièrement en termes de conditionnement et d'association[52]. Dans les termes de Chomsky, chez Descartes, le langage, au niveau de

49 Voss, 1973.
50 Chomsky, 1969.
51 Chomsky, 1985 ; Blitman, 2015.
52 Chomsky, 2001.

l'usage ordinaire, apparaît comme affranchi de tout stimulus contrôle : sa seule fonction de communication ne suffit pas pour le définir, car il est d'abord un instrument servant à l'expression libre de la pensée, et capable de fournir une réponse appropriée à des situations nouvelles[53]. Le langage témoigne ainsi de la créativité humaine, de la faculté de former des énoncés nouveaux exprimant des idées nouvelles dans des contextes nouveaux. L'usage créatif du langage, reflet de la pensée humaine, reste en tant que signe de la liberté humaine un mystère irréductible[54].

Il ne faut néanmoins pas réduire la dimension cartésienne de la linguistique chomskyenne à la référence à Descartes. Le qualificatif « cartésien » est utilisé par Chomsky en un sens souple, ce qui lui permet de regrouper sous l'étiquette « linguistique cartésienne » tout un courant linguistique à tendance rationaliste[55]. La créativité qui différencie radicalement pour Descartes langage humain et langage animal deviendra sous la plume du linguiste Wilhelm von Humboldt l'aspect génératif de la langue qui permet d'engendrer à partir d'un nombre fini de symboles un nombre indéfini de phrases. C'est dans cette veine que Chomsky formulera sa « grammaire générative ».

En outre, ce qui qualifie la linguistique rationaliste selon Chomsky est qu'elle pose l'universalité des structures grammaticales qu'il s'agit de déceler sous la structure de surface. Elle s'oppose ainsi aux approches empiristes en linguistique qui se contentent de faire une taxinomie descriptive des données linguistiques[56]. Elle considère que la linguistique ne consiste pas simplement à enregistrer et organiser les données de l'usage du langage par des procédures inductives mais à rechercher des principes universels d'organisation sous-jacents. C'est aussi la généralité de la grammaire que l'on retrouve dans la forme intérieure du langage conçue par W. von Humboldt, sorte de substrat profond du langage, totalement indépendant des variations culturelles et individuelles. La *Sprachform* garantit *a priori* l'universalité de la grammaire et détermine, par conséquent, la structure intelligible de toute langue, qu'elle soit

53 Chomsky, 1969, p. 13.

54 Chomsky, 1981.

55 Ce courant défini par Chomsky rassemble des personnalités aussi diverses que les grammairiens de Port-Royal et J. W. von Goethe, le poète romantique S. T. Coleridge et le linguiste W. von Humboldt, A. W. Schlegel, l'écrivain, et J. Harris, le critique d'art. Voir Voss, 1973.

56 Il s'agit par exemple de la linguistique de Bloomfield.

naturelle ou artificielle, vivante ou morte, réelle ou possible. Ainsi, « la structure profonde exprimant la signification est commune à toutes les langues » (Chomsky, 1969, p. 35). Chomsky dessine donc une tradition linguistique de type rationaliste qui pose l'universalité des structures grammaticales au nom de l'universalité même des caractères distinctifs fondamentaux de l'entendement humain que l'on trouve chez Descartes.

Aussi, une approche de type rationaliste ou cartésienne considère que la forme universelle de la connaissance est innée. Des universaux linguistiques innés contraignent la structure de toutes les langues possibles et guident l'apprentissage du langage par l'enfant. En somme, si la linguistique chomskyenne va plus loin en ce qu'elle cherche à formuler une véritable théorie de la structure linguistique par la définition du schéma universel auquel se conforme toute grammaire, ses bases ont été jetées par Descartes, et plus largement par la psychologie rationaliste de l'âge classique :

> Le cadre général le plus propre à l'étude du langage et de la pensée est le système d'idées développé au sein de la psychologie rationaliste des XVIIe et XVIIIe siècles. (Chomsky, 2001, p. 52).

INNÉISME ET EMPIRISME

L'air de famille mis en évidence entre innéisme de l'âge classique et innéisme contemporain permet de formuler une définition générale de l'innéisme. L'alternative entre deux visions de la structure de l'esprit mise en place dès le XVIIe siècle – l'innéisme d'une part ; l'empirisme d'autre part – continue d'opérer aujourd'hui.

DÉFINITIONS

L'EMPIRISME EST-IL UN INNÉISME ?

La critique de la notion traditionnelle de faculté de l'âme

Traditionnellement, les philosophes divisent l'esprit en facultés générales comme la mémoire, l'imagination, l'entendement, la perception. L'analogie architecturale, présente chez Platon, est caractéristique de cette approche, qui conçoit la mémoire, par exemple, comme un endroit où sont conservées les croyances[1]. Le vocabulaire des facultés est utilisé par la plupart des philosophes modernes, de Descartes à Kant. Il existe néanmoins quelques différences dans le sens précis qui lui est donné. Par exemple, si les philosophes s'accordent sur l'idée vague selon laquelle l'entendement est l'organe principal de la connaissance, ils diffèrent sur la manière précise de définir cette faculté : l'entendement est le pouvoir de penser pour Locke, l'intellection pour Descartes et Leibniz, l'imagination réglée par des principes d'association pour Hume, la faculté de relier entre elles les sensations par les catégories, distinct de la raison pour Kant. Il faudra attendre les psychologues du XIXe siècle (comme

1 Fodor, 1983.

Théodore Jouffroy ou Adolphe Garnier) pour trouver les premières classifications systématiques et bien établies des « facultés de l'esprit[2] ».

Une faculté de l'esprit au sens traditionnel du terme se caractérise par un type d'activité. Ce type d'activité se manifeste de façon typique par les phénomènes qui en émanent et est censé être invariant, c'est-à-dire capable de s'appliquer à n'importe quel domaine. Il s'agit d'une faculté « horizontale » (Fodor, 1983) qui peut accéder à tout contenu à tout moment. La psychologie commune des facultés considère alors les processus cognitifs comme les produits d'une interaction entre plusieurs facultés, qui semblent pouvoir fonctionner indépendamment du contenu des représentations auxquelles elles s'appliquent. Parallèlement à l'usage qu'ils font du vocabulaire des facultés, les philosophes (qu'ils soient innéistes ou empiristes) en formulent pourtant une critique qui souligne les difficultés liées à l'ontologie des facultés. Descartes dénonce le danger d'une telle manière de parler, nécessairement substantielle et réifiante :

> Mais je ne vois point qu'on puisse tirer aucune utilité de cette façon de parler, et il me semble plutôt qu'elle peut nuire en donnant sujet aux ignorants d'imaginer autant de diverses petites entités en notre âme. (Descartes, 1897-1913, AT IV 279-280.)

Cette opinion est aussi celle de Locke :

> [O]n dit communément que l'entendement et la volonté sont deux facultés de l'esprit. Le mot conviendrait s'il était utilisé comme le doivent être les mots : sans engendrer de confusion, comme je crains qu'on ne l'ait fait, dans la pensée des gens qui supposent que ces mots représentent des êtres réels dans l'âme, qui accomplissent ces actes d'entendement et de volition. (Locke, *Essai sur l'entendement humain*, II XXI 6, 2001, p. 378.)

Locke préfère alors nommer ces activités des « pouvoirs » ou des « capacités naturelles » pour éviter la confusion réifiante engendrée par le terme « faculté ». Hume reprend la critique lockéenne et la radicalise : la sensibilité, l'imagination ou l'entendement sont des noms que l'usage a imposés à de simples masses de perceptions douées d'un degré constant d'intensité[3]. Ainsi, le terme de « faculté de l'esprit » véhicule l'idée confuse qu'il y a en nous autant d'agents distincts avec

2 Nicolas, 2005.

3 Hume, *Traité de la nature humaine*, I IV 7.

leur autorité propre, commandant, obéissant et accomplissant différentes actions. Autrement dit, cette conception revient à affirmer que « c'est la faculté de chanter qui chante ». Or, selon les philosophes modernes, il est absurde de penser que les facultés sont des êtres réels dans l'âme comme des agents séparés qui réalisent leur propre tâche. Si les facultés sont une manière commode, et peut-être inévitable, de parler, elles ne correspondent pourtant à rien de réel, aussi bien pour les innéistes que pour les empiristes.

Innéisme et recours à l'innéité

L'innéisme et l'empirisme semblent bien être définis comme des visions de la structure de l'esprit, et donc des facultés de l'esprit. Comme nous l'avons déjà souligné, la thèse empiriste est aussi une thèse concernant l'architecture innée de l'esprit. Contrairement à l'idée répandue selon laquelle traditionnellement les empiristes conçoivent un esprit passif, ceux-ci semblent bien plutôt considérer l'esprit comme intrinsèquement actif, capable d'accéder par lui-même à la connaissance, sans avoir besoin d'idées innées pour y parvenir. Dans la conception lockéenne, l'esprit peut former des idées complexes par un jeu de combinaisons infinies. Les sensations se redoublent en idées qui sont elles-mêmes reliées entre elles, selon une chaîne de complexification, grâce aux capacités de perception, de rétention, de distinction, de comparaison, de composition, d'abstraction, ou de juxtaposition des idées que possède naturellement l'esprit[4]. Locke considère donc que l'esprit est à l'état natif un tissu de capacités naturelles sans lesquelles aucune expérience ne pourrait jamais commencer. Si l'homme ne trouve pas la connaissance inscrite en son âme, il a été pourvu par la nature de capacités naturelles qui lui permettent d'y accéder[5].

Ainsi, si l'on entend par innéisme simplement le recours à l'innéité, l'empirisme peut être considéré comme un innéisme[6]. Selon Fodor, il est

4 Locke, *Essai sur l'entendement humain*, II IX 1.

5 Vienne, 1991.

6 Pacherie, 1997. Le fait que l'empirisme soit, en un sens, un innéisme a soulevé des débats concernant le bien fondé de la distinction entre empirisme et rationalisme, jugée arbitraire par certains commentateurs. Voir Rescher (1966) ; Louis Loeb, *From Descartes to Hume : Continental Metaphysics and the Development of Modern Philosophy*, Ithaca, New York, Cornell University Press, 1981.

tout simplement impossible de ne pas être innéiste. La différence entre l'empirisme et l'innéisme réside, selon lui, dans la quantité de concepts considérés comme innés. Fodor identifie l'empirisme classique de Locke et de Hume à la thèse de l'innéité des concepts sensoriels. L'innéisme au sens strict est alors pensé comme une généralisation de l'empirisme[7]. Sans avoir à adopter la position de Fodor (qui caractérise le contenu de l'esprit comme nécessairement conceptuel), il paraît somme toute raisonnable de penser que ce qui distingue l'innéisme de l'empirisme est la nature de l'équipement inné de l'esprit, c'est-à-dire l'existence, la richesse, et la complexité des contenus pré-spécifiés, des structures, et des processus innés de l'esprit[8]. Aussi le recours à l'innéité ne suffit-il pas à définir l'innéisme. Il convient dès lors de distinguer deux sens de l'innéisme, un sens faible et un sens strict. Le sens faible identifie innéisme au simple recours à l'innéité. En ce sens, l'empirisme est un innéisme. Le sens strict distingue innéisme et empirisme en caractérisant le type d'équipement inné dont chacun accorde l'existence.

DEUX VISIONS DE L'ARCHITECTURE NATURELLE DE L'ESPRIT

Dispositions spécifiques et capacités générales

Les innéistes, s'ils se méfient du vocabulaire des facultés, proposent pourtant un modèle précis de l'architecture naturelle de l'esprit. Chomsky (1985) en défendant l'idée d'un organe mental spécifique et propre au langage, comparable à n'importe quel autre organe biologique, propose un autre type de faculté de l'esprit : une faculté « verticale[9] », c'est-à-dire dédiée à un domaine particulier, qui pourra prendre la forme d'une structure, d'un concept, d'un mécanisme, d'une connaissance propositionnelle ou d'une théorie. Voici comment Carruthers, Laurence et Stich présentent l'innéisme contemporain dans l'introduction de leur ouvrage consacré à cette question, *The Innate Mind* en 2005 :

> Les innéistes sont enclins à voir l'esprit comme le produit d'un nombre relativement important de structures et de processus spécifiés de manière innée, relativement complexes, spécifiques à un domaine. [...] Les innéistes [...] favorisent une architecture qui est à la fois plus détaillée, et plus chargée

7 Fodor, 1998a.

8 Carruthers *et al.*, 2005.

9 Fodor, 1983.

de contenu, contenant, par exemple, des facultés ou des principes d'inférence qui sont spécialement conçus pour l'acquisition et la performance de tâches cognitives particulières. (Carruthers *et al.*, 2005, p. 5.)

Selon l'innéisme contemporain, l'équipement inné de l'esprit est riche en contenu et diversifié en un ensemble de facultés spécialisées. Comme cela a déjà été précisé, le contenu inné de ces facultés n'est pas considéré comme présent à la naissance : il reste latent jusqu'à ce qu'il soit actualisé à l'occasion de certaines stimulations externes. Selon l'innéisme, l'esprit est doté de dispositions innées à développer un contenu spécifique dans les circonstances appropriées. Dans la mesure où les dispositions actualisent un contenu particulier lorsqu'elles rencontrent une sollicitation adéquate, nous dirons qu'elles sont nécessairement spécifiques. Autrement dit, l'innéisme contemporain est la thèse selon laquelle l'esprit possède des dispositions spécifiques innées.

De leur côté, les empiristes, s'ils sont connus pour avoir émis des critiques à la fois à l'égard du sens traditionnel et du sens innéiste des facultés de l'esprit, ne peuvent non plus se passer d'une structure de l'esprit, fusse-t-elle minimale. Selon les termes de Carruthers, Laurence et Stich :

[Les empiristes] favorisent une architecture cognitive initiale qui est largement dénuée de contenu dans laquelle les mécanismes d'apprentissage opèrent sur la stimulation des sens de manière à construire les contenus mentaux à partir de l'expérience du monde de l'être connaissant. (Carruthers *et al.*, 2005, p. 5.)

Pour les empiristes, les mécanismes qui rendent possible l'acquisition du langage, des concepts et de toute connaissance sont les mêmes que ceux qui interviennent dans la perception. L'empirisme mobilise des facultés mentales innées qui sont générales, c'est-à-dire des attitudes cognitives fonctionnellement identifiables opérant sur des domaines de contenu différents. L'objet du débat qui oppose l'innéisme à l'empirisme peut alors être décrit en ces termes :

[I]l s'agit de savoir si l'esprit est organisé en facultés cognitives distinctes dotées chacune de sa structure et de ses principes spécifiques, ou bien s'il existe des principes uniformes d'apprentissage, d'accommodation, d'assimilation, d'abstraction, d'induction, de stratégie, ou quoi que ce soit du même genre, qui n'ont qu'à s'appliquer à différents stimuli pour produire notre connaissance du comportement des objets physiques dans l'espace, de la signification qu'ont ou n'ont pas certaines suites de mots, etc. (Chomsky, 1985, p. 49.)

Dans le cas du langage par exemple, personne ne doute aujourd'hui que l'esprit humain possède une prédisposition innée à acquérir les langues humaines. Ce sur quoi porte la polémique concerne la nature et le contenu de cette prédisposition. Correspond-elle à une faculté dédiée au langage qui contiendrait, comme le croit Chomsky, des principes syntaxiques universels ? Ou bien la maîtrise du langage ne résulte-t-elle que de la combinaison entre des mécanismes d'apprentissage communs à d'autres domaines fonctionnant dans un environnement socio-culturel particulier ?

Le débat porte donc sur la question de savoir si l'esprit possède un équipement inné spécialisé pour l'apprentissage et l'acquisition de la connaissance, et non seulement pour la perception. L'idée d'attribuer des mécanismes spécialisés innés aux sens ne pose pas de problème, même à un empiriste. Au contraire, ce qui définit l'empiriste est qu'il n'accepte l'innéité que dans le cas des mécanismes perceptifs[10].

Les innéistes et les empiristes apportent donc des réponses différentes aux questions suivantes : l'architecture cognitive innée de l'esprit est-elle divisée en différentes facultés, idées, concepts, théories ou bien consiste-t-elle en capacités générales d'acquisition ? Dans quelle mesure les structures et processus cognitifs de l'esprit contiennent-ils un contenu inné ? Dans quelle mesure sont-ils spécifiques à un domaine ? Pour résumer, le point de divergence concerne la question de savoir si nous possédons des facultés innées spécialisées dans des domaines cognitifs précis[11].

Une alternative posée par l'âge classique

Comme nous l'avons suggéré dans la première partie, la théorie des idées innées de l'âge classique semble pouvoir également se définir comme la thèse selon laquelle l'esprit est doté de dispositions spécifiques innées à développer un certain contenu. L'innéisme contemporain serait alors bien une résurgence de la doctrine moderne des idées innées[12]. Mais n'est-il pas, somme toute, surprenant d'attribuer des facultés

10 Stephen Laurence et Eric Margolis, « The Poverty of the Stimulus Argument », *Brit. J. Phil. Sci.*, 52, 2001, p. 217-276.

11 Keil, 2000 ; Laurence et Margolis, 2001.

12 Samuels, 1998.

innées spécifiques à l'esprit cartésien ? Descartes n'affirme-t-il pas dans certains passages que l'esprit n'a pas besoin d'idées innées, c'est-à-dire d'idées différentes de la faculté qu'il a de penser ? En témoigne l'extrait suivant déjà cité en partie :

> Car je n'ai jamais écrit ni jugé que l'esprit ait besoin de quelque chose de différente de la faculté qu'il a de penser. Mais bien est-il vrai que, reconnaissant qu'il y avait certaines pensées qui ne procédaient ni des objets de dehors, ni de la détermination de ma volonté, mais seulement de la faculté que j'ai de penser : pour établir quelque différence entre les idées ou les notions qui sont les formes de ces pensées, et les distinguer des autres qu'on peut appeler étrangères, ou faites à plaisir, je les ai nommées naturelles (*innatas*). (Descartes, 2010, III, p. 807.)

L'idée cartésienne semble bien se confondre avec la pensée[13]. Concevoir l'esprit comme contenant des facultés spécifiques paraît, en première approche, incompatible avec le caractère indifférencié et uniforme de l'âme :

> Il y a une grande différence entre l'esprit et le corps, en ce que le corps, de sa nature, est toujours divisible, et que l'esprit est entièrement indivisible. Car en effet, lorsque je considère mon esprit, c'est-à-dire moi-même en tant que je suis seulement une chose qui pense, je n'y puis distinguer aucunes parties, mais je me conçois comme une chose seule et entière. Et quoique tout l'esprit semble être uni à tout le corps, toutefois, un pied, ou un bras, ou quelque autre partie étant séparée de mon corps, il est certain que pour cela il n'y aura rien de retranché de mon esprit. Et les facultés de vouloir, de sentir, de concevoir, etc. ne peuvent pas proprement être dites ses parties : car le même esprit s'emploie tout entier à vouloir, et aussi tout entier à sentir, à concevoir, etc. (Descartes, *Méditations métaphysiques*, 1897-1913, AT VII 85-86.)

Contrairement au corps qui est une substance étendue divisible à l'infini, l'âme cartésienne est simple, indivisible et n'occupe aucun espace.

Mais si ces remarques de Descartes s'opposent bien à l'idée traditionnelle de faculté, elles ne sont toutefois pas incompatibles, croyons-nous, avec les dispositions spécifiques qu'il semble attribuer à l'âme. Pour Descartes, l'âme contient le pouvoir spécifique de produire certaines idées qui lui sont propres. Ainsi, la pensée ne fait pas que générer ses idées, comme pourrait le faire l'esprit pour un empiriste. Si c'était le cas, les idées seraient simplement inventées ou construites. C'est la présence antécédente des idées qui

13 Guenancia, 2000.

rend le processus de pensée possible[14]. Les idées innées ne sont donc pas le résultat d'une simple capacité mais celui d'une disposition contrainte[15]. Elles sont des principes internes qui imposent certaines contraintes logiques sur le processus de construction. Dans une lettre à Mersenne, Descartes établit ainsi la différence entre la conception lockéenne de la faculté et sa propre conception[16]. Les idées innées cartésiennes sont des dispositions spécifiques à percevoir certaines choses existantes objectivement et non juste des capacités à avoir des idées quelles qu'elles soient[17].

La définition de l'innéisme proposée ci-dessus s'applique de façon encore plus évidente à la théorie des idées innées défendue par Leibniz. Leibniz développe une théorie des dispositions en soulignant explicitement leur caractère spécifique intrinsèque : les dispositions contiennent toutes, par nature, une tendance spécifique à l'activation.

Quant à la définition de l'empirisme comme la thèse selon laquelle l'esprit ne possède que des capacités générales, elle semble décrire adéquatement la position de Locke. Locke pose bien l'existence de capacités naturelles dénuées de tout contenu pré-spécifié, capables de s'appliquer à tous les domaines. C'est l'esprit tout entier qui réalise les opérations de perception, de rétention, de distinction, de comparaison, de composition, d'abstraction, ou de juxtaposition des idées, peu importe leur contenu[18]. Les facultés lockéennes de l'esprit sont transversales[19]. La métaphore de la table rase ou du papier blanc est simplement une manière de dire que ce sont les mêmes mécanismes et procédures d'apprentissage qui assurent l'acquisition de la connaissance, quelle qu'elle soit.

Ainsi, innéisme et empirisme sont deux conceptions de l'architecture naturelle de l'esprit présentes dès l'âge classique et qui continuent d'exister aujourd'hui : l'un pose des dispositions spécifiques innées alors que l'autre nie l'existence de telles dispositions, privilégiant celle de simples capacités générales d'apprentissage.

---

14 Beyssade, 1992.

15 Jolley, 1998.

16 Lettre à Mersenne, 16 octobre 1639, Descartes, 1897-1913, AT II 598.

17 Boyle, 2009.

18 Vienne, 1991, p. 274.

19 Locke, *Essai sur l'entendement humain*, II IX et II XI. On peut remarquer à cet égard que la question des relations entre ces différentes capacités mentales innées se pose : sont-elles réellement différentes les unes des autres ou bien est-ce à chaque fois l'esprit tout entier qui change d'attitude ? Locke emploie en effet dans *l'Essai* tantôt le singulier tantôt le pluriel pour parler de ces capacités mentales.

LES PROBLÈMES DE L'INNÉISME DISPOSITIONNEL

Définir l'innéisme par le recours à des dispositions spécifiques cognitives innées soulève la question de savoir comment définir ces dernières. La difficulté de cette entreprise montre que la frontière entre innéisme et empirisme reste elle-même difficile à tracer. Quelle différence peut-il bien y avoir en effet entre une disposition spécifique dotée d'un contenu mental pré-spécifié et une capacité naturelle générale à atteindre le contenu mental, d'autant plus s'il s'agit du même contenu mental[20] ? Locke lui-même accorde l'existence d'idées de réflexion, ces idées qui proviennent de l'auto-affection de l'esprit. Quelle différence y a-t-il donc entre des idées que je trouve en moi et des idées que mon esprit seul a le pouvoir de me donner ? Entre l'inscription native d'une proposition nécessaire en moi et la présence en moi de la base pour juger cette proposition nécessaire[21] ? En quoi les idées lockéennes de réflexion se distinguent-elles réellement des idées innées ? À partir de quand une capacité innée devient-elle spécifique au point de pouvoir être décrite en terme de disposition innée à développer un contenu ?

LA DISTINCTION ENTRE IDÉES INNÉES ET IDÉES NON INNÉES

L'analyse de Stich

Le philosophe Stich (1975) tente de définir la notion de disposition en jeu dans l'innéisme. Il souligne la pertinence de la métaphore cartésienne de la maladie que l'on trouve dans les *Notae in programma* : l'existence de maladies innées qui passent par une phase asymptomatique (on peut être atteint d'une maladie sans en présenter les symptômes) permet de comprendre par analogie celle des idées innées avant qu'elles soient

20 Vienne, 1991, p. 98.

21 Adams (in Stich (edit.), 1975) voit une partition des idées similaire chez Descartes et chez Locke. Selon cette perspective, les idées adventices de Descartes correspondraient aux idées simples de sensation de Locke, les idées fictives aux idées complexes et les idées innées aux idées simples de réflexion.

explicites dans l'esprit. Si la maladie passe par une phase asymptomatique, ses symptômes apparaissent seulement à une étape spécifique au cours de la vie. Nous ne savons pas qu'une personne a cette maladie jusqu'à ce qu'elle en présente les symptômes. Cependant cette personne est porteuse de la maladie avant même d'en présenter les symptômes. Il en est de même pour les croyances innées attribuées aux individus, avant même qu'ils en viennent à les croire. Elles doivent apparaître à un moment spécifique, lorsque les stimulations requises apparaissent dans l'environnement. Stich s'inspire alors de la proposition cartésienne pour définir l'innéisme dispositionnel :

> Une personne possède une maladie innée à l'instant T si et seulement si depuis le début de sa vie, il est vrai que, si elle atteint ou atteignait l'âge approprié alors, selon le cours normal des choses, elle présente les symptômes de la maladie. (Stich, 1975, p. 6.)[22]

Stich ajoute deux clauses à la proposition cartésienne. D'une part, il ajoute « depuis le début de sa vie il est vrai que si elle atteint ou atteignait l'âge approprié… ». Cette précision permet d'éviter le cas de l'infection bactériologique précoce : une personne pourrait contracter une maladie à une certaine étape de sa vie sans pour autant en être porteuse de manière innée. D'autre part, il ajoute « selon le cours normal des choses ». Cet ajout permet de contrer l'objection du remède ou de l'antidote : une personne pourrait ne jamais contracter les symptômes de la maladie dont elle est pourtant porteuse de manière innée, grâce à l'action d'un remède qu'elle aurait ingéré[23]. En transposant cette formulation au problème des croyances, Stich parvient à la formulation suivante :

---

22 Cette formulation correspond à l'acception dominante de la notion de disposition dans la littérature sur ce thème (Troy Cross, « What Is a Disposition ?, *Synthese*, 144, 3, 2005, p. 321-341) : un objet est disposé à Y dans les conditions C si et seulement si cet objet ferait Y si c'est le cas que C. Les manifestations d'une disposition ainsi que les conditions de cette manifestation ne sont pas nécessaires pour que la disposition existe. Aussi les dispositions sont-elles actuelles : ce sont leurs manifestations qui peuvent ne pas l'être. Le verre devant moi est actuellement fragile, de façon non conditionnelle et non hypothétique. Appliqué à l'innéité, cela donne : un individu X a une disposition innée pour un trait T dans un environnement E si et seulement si X manifesterait T s'il se trouvait dans E. Voir Reynaud, 2014.

23 Il s'agit d'une objection bien connue à la conception dominante de la disposition, à laquelle on répond en invoquant le cours normal des chose ou la clause *ceteris paribus*.

> Une personne possède une croyance innée à l'instant T si et seulement si depuis le début de sa vie, il est vrai que, si elle atteint ou atteignait l'âge approprié alors, selon le cours normal des choses, elle aurait la croyance en question soit de manière occurrente, soit de manière dispositionnelle. (Stich, 1975, p. 8.)

On remarque que toute croyance dispositionnelle n'est pas innée pour Stich. Une croyance dispositionnelle non innée, par opposition à une croyance occurrente, est une croyance que l'on possède sans l'avoir jamais formulée explicitement, comme la croyance selon laquelle mon petit doigt est plus petit que la Tour Eiffel. Cette croyance se caractérise par le fait que l'on assentirait instantanément à la formulation de sa proposition correspondante. Une croyance dispositionnelle est innée dans le cas où quand l'expérience me donne le concept, je forme de moi-même une croyance le concernant. Autrement dit, lorsque je suis en possession du concept, je suis capable par moi-même de construire la croyance correspondante.

La proposition de Stich peut servir à faire une interprétation séduisante de l'hypothèse de Chomsky concernant l'innéité de la syntaxe[24]. Un enfant qui apprend une langue a seulement besoin d'acquérir les items lexicaux nécessaires (mots, morphèmes grammaticaux et les tournures idiomatiques) et de fixer les valeurs appropriées des paramètres pour être capable de maîtriser le langage. Premièrement, un environnement linguistique est nécessaire pour que l'on acquiert des concepts linguistiques : par exemple, on entend des phrases passives et des phrases actives. Deuxièmement, à partir de ces concepts linguistiques, on forme des propositions à leur sujet qui ne sont pas dictées par l'expérience : à partir des phrases passives et actives que l'on entend, on comprend ce qu'est une transformation. Tout ce que l'esprit forme de lui-même, à partir des concepts qu'il a l'occasion d'acquérir, est inné. Il peut donc y avoir une grammaire universelle innée quand bien même certains hommes n'apprennent jamais à parler. Appliquée au langage, la proposition de Stich pourrait se formuler comme suit :

> Un individu possède une grammaire universelle innée à l'instant T si et seulement si depuis le début de sa vie, il est vrai que, s'il atteint ou atteignait l'âge approprié, selon le cours normal des choses, il connaîtrait les règles grammaticales de sa langue maternelle soit de manière occurrente, soit de manière dispositionnelle.

24 Reynaud, 2014.

La reformulation que fait Stich de la conception dispositionnelle cartésienne permet de saisir l'idée que les croyances innées ne sont pas latentes dans l'esprit comme un contenu préconstitué et simplement inconscientes, ni comme un souvenir, mais comme une propension, une disposition à contracter un certain type de pensée consciente. La proposition de Stich permet d'éviter également le coût de l'innéité des concepts : les concepts peuvent bien être acquis, et la connaissance que ceux-ci nous donnent l'occasion de formuler peut être innée.

Cette reformulation soulève néanmoins un problème que Stich pointe lui-même du doigt. Peut-on, en effet, trouver un exemple de croyances innées ? Un exemple philosophiquement célèbre, le jugement synthétique *a priori* kantien, semble satisfaire le concept de croyance dispositionnelle innée mais il reste controversé. Selon Kant, la somme 12 n'est pas contenue de façon analytique dans les concepts numériques 5 et 7 mais elle est construite de façon synthétique dans l'intuition. Mais comment faire la différence entre une croyance construite à partir de concepts et celle contenue analytiquement dans ces mêmes concepts, celle que l'on obtient du seul fait qu'on maîtrise ces concepts ? Dans ce dernier cas, le fait d'arriver à la croyance en question ne prouvera pas que la croyance est innée, mais simplement qu'on a compris le concept. Dans l'exemple du langage, comment savoir que les croyances grammaticales sont formées par l'esprit à partir des concepts linguistiques sans être tirées de l'expérience ? Il se pourrait que ces croyances grammaticales ne consistent pas en un ensemble de règles et de principes universels comme Chomsky le prétend et qu'elles ne soient qu'un ensemble de règles *ad hoc* rendues disponibles par la maîtrise des concepts linguistiques eux-mêmes[25].

On rejoint ici le problème soulevé par Locke à propos de l'innéisme. La formulation de Stich ne permet pas d'échapper au reproche de circularité et d'inflationnisme émis par Locke. De fait, elle comporte un risque majeur que Stich lui-même a signalé : celui de mener à l'affirmation vide selon laquelle toutes les croyances sont innées. Pour exemple, la bactérie *clostrium diffcile* présente dans les intestins et acquise en ingérant de la nourriture et de l'eau est intuitivement non innée. Pourtant nous possédons indéniablement une disposition à souffrir de ces symptômes dans les intestins. Selon la conception cartésienne de Stich (1975), *clostrium*

25 C'est la position que défend Tomasello (2003).

diffcile est une maladie innée des intestins. De même, la croyance selon laquelle l'eau mouille n'est pas innée et pourtant elle est une croyance dispositionnelle au sens de Stich (1975).

Disposition et trivialité

La distinction entre croyances innées et croyances non innées repose sur le fait que l'expérience contient l'information requise pour leur formulation (dans le cas des croyances non innées) ou non (dans le cas des croyances innées). Mais la question reste de savoir ce qui manque dans un cas et pas dans l'autre. Quelle est la nature de la relation d'inclusion du prédicat dans le sujet ? Comment savoir que les croyances sont contenues dans les concepts et non dans l'expérience et donc résultent de la combinaison seule des concepts sans dépendre de l'état du monde ? À l'inverse, comment savoir que les croyances ne sont pas contenues dans ces concepts mais sont construites à partir d'eux, c'est-à-dire qu'elles ont un contenu qui vient de l'expérience ?

Spécifier les conditions, comme Stich le fait pour échapper en particulier à l'objection du remède, ne permet pas d'échapper à la trivialité. L'ajout de la clause de normalité ou de la clause *ceteris paribus* soulève le problème du caractère tautologique de toute conception dispositionnelle : dire que le verre se casserait *ceteris paribus* s'il était jeté revient à dire que, si le verre était jeté, à moins qu'il ne se casse pas, il se casserait. De la même manière, il semble que cela revienne à dire que, si les conditions sont ou étaient obtenues (par exemple si la personne en vient à avoir l'âge approprié ou bien si la personne accède à la réflexion), alors la personne parviendrait à une certaine connaissance. Dire que l'on est disposé à la connaissance reviendrait à dire que nous acquérons la connaissance au cours du développement ; c'est un truisme. On en revient au problème que Locke formule sous la forme d'un dilemme : soit les croyances innées sont présentes à la naissance et cela est faux ; soit les croyances innées sont seulement dispositionnelles et il devient très difficile de les distinguer des croyances non innées[26].

L'exploration de l'interprétation dispositionnelle de l'innéité montre bien la difficulté de distinguer entre la disposition et la simple capacité. Pour reprendre la métaphore de la maladie, on distingue généralement

26 Locke, *Essai sur l'entendement humain*, I II 6.

la maladie native d'une simple susceptibilité naturelle. Lorsque l'on souffre d'une maladie innée, on est disposé à acquérir ses symptômes à un temps caractéristique au cours du développement. Lorsque l'on est simplement susceptible de développer une maladie (non innée), on possède une capacité à acquérir ses symptômes sous certaines circonstances spéciales. En un mot, la maladie native se développera toujours, quoi qu'il arrive : les conditions requises pour cela appartiennent au cours normal des choses. La susceptibilité naturelle, en revanche, provoquera la contraction de la maladie seulement si l'environnement est défavorable : des circonstances spécifiques sont requises, qui n'appartiennent pas au cours normal des choses.

En d'autres termes, dans un cas, la manifestation de la maladie relève de la disposition, qui s'actualisera dans le cours normal des choses, dans l'autre, elle découle des circonstances. Or, la frontière entre ces deux cas reste difficile à tracer : si l'on tombe malade après avoir ingéré une substance chimique, mais que cette substance s'est répandue naturellement dans l'eau, est-ce un cas de maladie causée par l'environnement ou bien une maladie innée ? La question qui nous préoccupe se formule alors de cette manière dans le domaine du langage : sommes-nous nés pour parler ou seulement susceptibles de développer le langage si les circonstances s'y prêtent ? En d'autres termes, sommes-nous spécifiquement disposés au langage ou bien possédons-nous seulement une capacité naturelle à l'acquérir dans un environnement approprié ?

Le reproche de trivialité émis en premier par Locke rejoint la critique contemporaine du terme de « disposition » qui en souligne l'absence de rôle causal ou explicatif. Dans une pièce célèbre de Molière, à la question de la cause du fait que l'opium fait dormir, l'apprenti docteur répond que cela est dû à sa vertu dormitive dont la nature est d'assoupir les sens. Cette réplique, en faisant appel à la propriété dispositionnelle de « dormitivité », dénonce l'illusoire prétention à l'explication causale, c'est-à-dire l'ignorance des vraies causes des événements. En effet, la vertu dormitive de l'opium n'explique en rien pourquoi l'opium fait dormir. Trivialement vraie, l'attribution de dispositions ne nous informe de rien. Pour Michon :

> Le fond de la critique est clair : l'attribution d'un pouvoir, qualifié uniquement par son résultat, est inopérante, sa prétention à l'explication (scientifique) obscurantiste. (Michon, 2005, p. 41-42.)

La disposition ne peut pas causer sa manifestation parce qu'elle est logiquement reliée à elle. L'explication est donc circulaire. La possession d'une disposition innée ne jouerait donc aucun rôle causal ou explicatif dans l'occurrence de sa manifestation. Pour que l'on puisse créditer la disposition d'un rôle causal propre, Mackie (1977) propose de l'identifier à sa base catégorique, c'est-à-dire à la propriété physique ou chimique de l'objet auquel on attribue cette disposition[27]. Par exemple, la fragilité du verre est amalgamée à la structure atomique du verre. Choi et Fara (2006) proposent de préciser la théorie de Mackie (1977) en disant qu'il devrait tout au moins y avoir une propriété intrinsèque sur laquelle la disposition puisse survenir nomologiquement, puisque la disposition n'a pas besoin de toujours se manifester pour exister[28]. Dans tous les mondes possibles, dotés des mêmes lois de nature, tout individu possédant cette propriété intrinsèque aurait la même disposition. Toutefois, cette notion de disposition reste difficile à appliquer dans le cas du langage et de la cognition en général, tant l'identification d'une propriété intrinsèque en vertu de laquelle l'homme possède la parole et est capable de comprendre le monde et les autres, semble inaccessible. Alors que la base catégorique de la fragilité est connue – la structure atomique du verre –, celle des facultés mentales reste inconnue : est-ce une séquence d'ADN, une aire cérébrale ? Dans le cas des facultés mentales, nous n'avons accès qu'aux manifestations des dispositions. Nous ignorons encore la nature de leurs propriétés catégoriques. On ne peut donc envisager de sortir du problème de la disposition en définissant celle-ci comme ayant un antécédent et un conséquent qui sont des propriétés catégoriques.

L'innéisme est-il nécessairement radical ?

C'est sans doute parce que la frontière entre idées innées et idées non innées est mince que l'innéisme a tendance à être radical. Chez Descartes comme chez Leibniz, il y a un sens en lequel on peut dire que toutes les idées sont innées. Chomsky lui-même considère l'argument de la pauvreté du stimulus comme s'appliquant à l'acquisition de toute

---

27 John Mackie, « Dispositions, Grounds and Causes », *Synthese*, 34, 1977, p. 361-370.

28 Sungho Choi et Michael Fara, « Dispositions », *The Stanford Encyclopedia of Philosophy*, Edward N. Zalta (edit.), https://plato.stanford.edu/archives/spr2016/entries/dispositions/, 2016.

connaissance. Fodor pose explicitement l'innéité de tous les concepts. Enfin, la thèse de la modularité massive revient à poser une multitude de modules innés dont le nombre exact reste indéterminé. Si chaque module a évolué pour résoudre un problème spécifique, comment ne pas multiplier les modules si l'on veut rendre compte du caractère holistique qui caractérise l'esprit ? Les modules semblent effectivement pouvoir proliférer à l'infini[29].

On retrouve ici l'une des critiques formulées par Malebranche : la théorie des idées innées implique nécessairement d'en accepter une infinité[30]. Cette idée sera reprise par Locke pour qui la théorie des idées innées est vide de sens car elle semble pouvoir s'appliquer à toute proposition délivrée par la raison, sans exception. Si le critère de l'innéité est que la raison peut formuler des croyances, alors toute proposition délivrée par elle pourrait être qualifiée d'innée. L'esprit comporterait en lui potentiellement une infinité de vérités innées au nombre desquels des vérités qu'il ne connaîtra jamais, et auxquelles, si on les lui présentait brutalement sans démonstration, il ne pourrait nullement donner son assentiment immédiat.

Comment faire la différence entre les croyances innées et celles non innées, si toutes sont, en un sens, dispositionnelles ? La conclusion de Locke est la suivante :

> [C]ette grande théorie [la théorie des idées innées] se résumera à une façon très incorrecte de parler : même si elle prétend affirmer le contraire, elle ne dit rien de différent de ce que disent ceux qui rejettent les principes innés. Car personne, à mon sens, n'a jamais nié que l'esprit soit capable de connaître diverses vérités. La capacité, disent-ils est innée et la connaissance acquise. Mais alors pourquoi une telle bataille autour de certaines maximes innées ? Si des vérités peuvent être imprimées sur l'entendement sans être perçues, je ne peux voir de différence quant à leur origine entre les diverses vérités que l'esprit peut connaître : elles doivent être ou bien toutes innées, ou bien toutes adventices ; en vain cherchera-t-on à les distinguer. (Locke, *Essai sur l'entendement humain*, I II 5, 2001, p. 68-69.)

Pour Locke, les innéistes disent la même chose que ceux qui nient l'existence des principes innés puisque la seule innéité tenable est celle qui se cantonne à la capacité de trouver la vérité.

---

29 Hacking, 2001 ; Fodor (2000) lui-même qualifie cette thèse de « thèse de la modularité devenue folle ».

30 Malebranche, *Recherche de la vérité*, III II 4.

Si la version dispositionnelle semble offrir la seule conception raisonnable de l'innéisme, elle apparaît compatible avec l'empirisme au point de ne plus pouvoir s'en différencier réellement. Le débat se réduirait-il donc à une question de mots ? C'est peut-être ce qui pourrait expliquer cette déclaration surprenante de Fodor dans son ouvrage de 1998, *Concepts* :

> Peut-être n'y a-t-il aucune idée innée après tout. (Fodor, 1998a, p. 143.)

Le rôle ambigu de l'expérience

La distinction entre idées innées et idées non innées semble pouvoir s'énoncer clairement : le contenu des premières se trouve dans l'esprit alors que le contenu des secondes provient de l'environnement. Mais, dans la mesure où même les idées innées ont besoin de l'environnement pour se manifester, il faudrait, pour distinguer idées innées et idées non innées, pouvoir identifier deux rôles différents joués par l'environnement dans la formation des idées : un rôle déclencheur qui ne fait qu'actualiser un contenu déjà présent dans l'esprit et un rôle constitutif qui façonne le contenu de l'idée.

Cependant, cette distinction entre les rôles que l'environnement peut jouer est loin d'être aisée à tracer[31]. Selon les innéistes, le contenu des idées innées se trouve dans l'esprit. Ainsi, aucune information provenant de la stimulation environnementale n'est censée intervenir dans son élaboration. C'est l'idée exprimée par l'argument de la pauvreté du stimulus (commun à Chomsky, Descartes et Leibniz) : parce que l'environnement est dénué de l'information requise pour le développement de la connaissance, l'enfant doit posséder cette information dans son esprit de façon innée. Mais – et c'est là l'un des ressorts de la position anti-innéiste –, la stimulation environnementale n'est-elle pas toujours susceptible d'informer le contenu de la connaissance acquise ? Peut-elle s'en tenir à l'activation de ce contenu comme le pensent les innéistes ? Ce qui a pu être interprété comme un processus insensible à l'environnement peut se révéler, à l'analyse, être un processus d'apprentissage. Par exemple, le phénomène biologique de l'empreinte a été longtemps considéré comme un phénomène inné. Or, l'étude de ce phénomène chez les oiseaux parasites qui déposent leurs œufs dans

31 Reynaud, 2014.

le nid d'autres espèces montre qu'il peut aussi bien être interprété comme le fruit d'un apprentissage : les oiseaux parasites, en déposant leur progéniture dans un nid particulier ne feraient que reproduire le choix qu'ont fait leurs parents pour le nid dans lequel ils ont été eux-mêmes placés[32].

Ce problème se pose, par exemple, pour l'interprétation de la théorie chomskyenne des principes et des paramètres selon laquelle l'activation de la connaissance innée de la grammaire se fait sans transmission de contenu présent dans l'environnement. Cette théorie stipule que l'acquisition du langage est activée par des phrases présentes dans l'environnement de l'enfant qui indiquent les fixations correctes des paramètres[33]. Mais si c'est le cas, l'exposition du locuteur à la langue de sa communauté lui permet de reconnaître la valeur appropriée des paramètres, ce qui semble bien impliquer un transfert d'information. En ce qui concerne les concepts, il est tout autant difficile de comprendre comment certaines instances particulières de l'expérience activent le concept correspondant sans qu'il n'y ait aucun échange d'information. Comment donc faire la différence entre ces deux types de mécanismes de détermination environnementale, un mécanisme simplement déclencheur et un mécanisme de façonnage du concept ?

On trouve déjà cette ambiguïté dans l'interprétation de la théorie cartésienne des idées innées, en particulier pour les idées sensorielles. Selon Descartes, l'esprit forme les idées sensorielles à l'occasion de la perception. Dans la sixième méditation, la chaîne causale qui finit dans une perception adventice est commencée par un objet externe quelconque, mais ce que l'objet transmet n'est pas l'idée elle-même ; c'est un mouvement physique qui cause ou occasionne l'esprit à avoir des perceptions. Les idées adventices sont donc en partie causées par les objets externes, mais elles sont surtout causées par l'esprit lui-même, dans la mesure où elles sont idées ou modes de pensée[34]. La rencontre

32 Ce choix, qui joue par ailleurs un rôle important dans le développement des préférences sexuelles de la femelle et dans le développement du chant chez le mâle, est pourtant hérité, donc susceptible d'être sélectionné en changeant la fréquence des traits environnementaux comme « être nés dans telle sorte de nids », voir Eytan Avital, et Eva Jablonka, *Animal Traditions : Behavioural Inheritance in Evolution*, Cambridge MA, Cambridge University Press, 2001.

33 Ted Gibson et Kenneth Wexler, « Triggers », *Linguistic Inquiry*, 25, 1994, p. 407-454.

34 Clarke, 2003.

avec l'environnement n'est pas censée déterminer le contenu de ces idées : c'est parce qu'elles ne sont pas exactement similaires aux choses externes que les idées sensorielles sont innées. Dans la conception cartésienne, les objets du monde servent comme occasions pour l'esprit de former et de se représenter les idées innées au bon moment. Une interprétation possible est en effet que les états du cerveau sont des causes déclenchantes qui n'expliquent pas le contenu des idées mais qui concernent seulement le moment de leur occurrence[35]. Ainsi la stimulation environnementale ne serait qu'une cause temporelle de l'occurrence des idées sensorielles.

Mais il n'est même pas sûr que Descartes ait besoin du déclenchement causal pour expliquer pourquoi les idées sensorielles ont lieu quand elles ont lieu. L'occurrence des idées pourrait s'expliquer simplement par le fait que Dieu a établi une corrélation nomologique entre les états cérébraux et les idées qui émergent à leur occasion. Et poser une connexion causale entre les états du cerveau et les idées en plus de l'association régulière n'ajouterait rien à l'explication. Certains passages cartésiens suggèrent, en effet, que les objets du monde ne sont pas actifs du tout : les idées émergeraient simplement en nous à l'occasion de certains mouvements corporels[36]. La rencontre avec l'environnement détermine l'occurrence d'une idée particulière à un temps particulier mais la connexion reste toujours arbitraire puisque il ne semble pas y avoir de raison pour laquelle ce corps, plutôt qu'un autre, est le corps qui déclenche l'esprit à produire l'idée. Et si c'est simplement un fait brut que des corps particuliers déclenchent l'esprit à produire les idées à un temps particulier alors il peut juste être un fait brut que certains corps produisent les idées avec un contenu particulier.

En ce sens, la théorie cartésienne et la théorie fodorienne des concepts semblent très proches. Pour Fodor (1998a), rappelons-le, les instances particulières ne constituent pas le contenu du concept correspondant. La perception des chiens active le concept CHIEN mais elle ne joue pas un rôle constitutif pour son contenu. Elle ne fait que déclencher automatiquement et de façon arbitraire un concept dont le contenu est déterminé par des relations nomologiques qui lient notre esprit au monde. Chez Fodor comme chez Descartes, la théorie de l'origine des idées est donc

35 Marleen Rozemond, *Descartes's Dualism*, Cambridge, MA, Harvard University Press, 1998.

36 Descartes, 1897-1913, AT 3 418 ; AT 7 87 ; AT 11 143.

différente d'une théorie de la détermination du contenu. Une connexion causale avec les instances de x peut être une condition nécessaire pour l'acquisition des idées sensorielles de x mais peut n'avoir rien à faire avec l'explication de la raison pour laquelle les idées sensorielles représentent les sortes de connexions qu'elles font. Autrement dit, la relation externe avec les corps ne joue aucun rôle dans la détermination du contenu représentationnel des idées sensorielles.

Cependant, peut-on nier que la rencontre avec les objets du monde joue un rôle causal, au moins pour l'aspect phénoménal des idées sensorielles ? Si la sensation ajoute un « contenu qualitatif », elle joue un rôle causal dans la détermination du contenu[37]. Le dilemme auquel se trouve confronté l'innéiste reparaît ici clairement. Soit il considère que l'environnement n'est qu'une cause occasionnelle et son statut de cause s'en trouve fragilisé : on voit mal comment il pourrait participer au contenu de l'idée. Soit, il pense que la rencontre avec l'environnement joue véritablement un rôle causal (ce qui permettrait, par exemple, de comprendre pourquoi ce sont bien les expériences d'instances particulières qui rendent possible l'apprentissage d'un concept) mais c'est l'innéisme qui s'en trouve affaibli. On ne voit pas bien, dans ce dernier cas, en quoi l'acquisition d'un concept est une pure activation et non un apprentissage.

En réalité, ce dilemme interprétatif concerne le pouvoir causal réel que possède une cause déclenchante ou occasionnelle. Certains pensent que la causalité occasionnelle est une forme de causalité efficiente. Clarke (2003) défend l'idée selon laquelle, chez Descartes, les configurations du corps ou des états cérébraux sont des causes efficientes en fournissant l'occasion à l'esprit de produire certaines idées sensorielles correspondantes. Si on comprend bien ce que cela signifie pour une idée sensorielle d'être innée, cela n'empêche pas un rôle causal important pour les corps dans les sensations : les idées sensorielles sont innées au sens faible où elles sont compatibles avec le fait d'être causées extérieurement. Inversement, refusant à la cause occasionnelle tout pouvoir réel de produire un effet, Malebranche conclut que le cartésianisme mène à l'occasionnalisme. Radicalisant la critique de Malebranche, Gorham (2002) défend une interprétation non causale de l'interaction âme/corps chez Descartes, qui est suggérée selon lui par l'innéité de toutes les idées. Comment

37 Rodis-Lewis, 1985.

les corps pourraient-il être l'origine de nos idées sensorielles si, comme Descartes le dit dans une lettre à Mersenne de 1641, ces idées doivent avoir été en nous avant la stimulation des organes sensoriels[38] ?. Il semble que Descartes flirte lui-même avec cette thèse qui sera défendue explicitement par Leibniz dans sa métaphysique[39].

L'IDENTIFICATION DES DISPOSITIONS SPÉCIFIQUES INNÉES

Les innéistes forgent une nouvelle notion de « faculté de l'esprit » définie comme disposition spécifique. L'esprit est doté, selon eux, de facultés innées dédiées à des domaines spécifiques, qui traitent des types spécifiques de données et réalisent des types spécifiques de tâches. Mais comment donc définir cette spécificité à un domaine ? Comment déterminer les domaines pour lesquels nous possédons des facultés mentales spécialisées ?

La spécificité à un domaine

Le problème avec la notion de « spécificité à un domaine » est qu'il est difficile de sortir de son sens trivial[40]. Dire qu'un système cognitif concerne un domaine revient à dire simplement que ce système porte sur un objet. Or, un objet peut être une classe d'objets dans le monde, un ensemble de comportements, une compétence, ou toute autre catégorie. Si l'on considère le concept CHAMEAU par exemple, la représentation mentale utilisée pour catégoriser les chameaux est *ipso facto* spécifique à un domaine, puisque les chameaux constituent un objet cohérent. Il semble alors trivialement vrai que tout concept appartient à un domaine spécifique qui lui est propre. Mais lorsque les innéistes parlent de « facultés spécifiques à un domaine », ils n'entendent pas par là qu'il existe une faculté pour chaque concept ou objet. Le niveau des concepts ou des objets (celui des chameaux, par exemple) semble trop spécifique pour constituer un domaine correspondant à une faculté de l'esprit qui lui est dédiée. Il convient donc de se placer à un niveau plus englobant. Par exemple, la classe des animaux pourrait qualifier un domaine parce qu'elle est plus inclusive. Les psychologues cognitifs ont bien ce genre

38 Descartes, 1897-1913, AT 3 418 ; Gorham, 2002.
39 Jolley, 1998.
40 Prinz, 2006 ; Keil, 2000.

de catégories à l'esprit quand ils parlent de domaines ontologiques de base. Mais qu'est-ce que cela signifie pour les domaines d'être plus englobants ou inclusifs ? Que doivent-ils inclure pour constituer un domaine à part entière pour lequel il existerait une faculté mentale spécifique ? Le concept CHAMEAU peut apparaître lui-même comme un concept englobant d'autres concepts, comme celui d'ANIMAL UTILISÉ PAR LAWRENCE POUR TRAVERSER LE DÉSERT. En outre, lorsque les sciences cognitives se réfèrent à des domaines comme le langage, ceux-ci sont-ils inclusifs dans le même sens que le domaine constitué par les animaux ? La spécificité à un domaine paraît pouvoir se définir comme l'attribut d'un ensemble de concepts, de croyances ou de capacités cognitives qui fonctionne comme une unité ou qui, du moins, a une certaine cohérence.

Un ensemble est spécifique quand le domaine qu'il délimite peut être spécifié dans un sens cohérent intuitivement. Le problème est que cela n'arrive jamais. Par exemple, le philosophe et sémioticien Charles Peirce a opéré une décomposition du langage en quatre composants distincts : la phonologie, la sémantique, la syntaxe et la pragmatique. Cette décomposition apparaît intuitivement convaincante : l'enfant apprend des signes ou des sons d'une langue ; il apprend des mots ; il apprend à combiner des mots en phrases signifiantes et acceptables ; il apprend enfin à interpréter les phrases dans des circonstances variées. Cette compartimentation est reprise par Chomsky, qui affirme l'autonomie de ces différents composants et l'innéité des principes syntaxiques.

De nombreuses études tendent cependant à montrer que ces domaines interagissent fortement dans l'acquisition du langage. Le sens des mots et le contexte ont une influence importante sur l'acquisition des tournures syntaxiques. Inversement, les indices syntaxiques aident à la compréhension du sens des mots en contexte, et peuvent ainsi permettre d'apprendre des mots supplémentaires. En outre, il y a une influence réciproque du langage, de la cognition et du contexte social, qui participe à l'acquisition de la maîtrise de la langue[41].

En disant qu'une ressource mentale est spécifique à un domaine, on ne dit rien de plus, en réalité, que cette ressource est utilisée pour traiter une information sous-tendant une capacité pour ce domaine. Bien sûr, nous utilisons des connaissances et des compétences différentes quand nous parlons, raisonnons à propos du monde social ou quand nous raisonnons à

41 Reboul, 2009 ; Tomasello, 2003.

propos du monde des objets. Mais cela signifie-t-il pour autant qu'il existe des facultés spécifiques pour chacun de ces domaines ? Le problème de la définition de la spécificité est lié à la possibilité d'avoir une conception indépendante de la manière dont les domaines sont individués. Hirschfeld et Gelman (1994) définissent un domaine de cette manière :

> Un domaine est un corps de connaissances qui identifie et interprète une classe de phénomènes qui sont supposés partager certaines propriétés et constituer un type distinct et général. Un domaine fonctionne comme une réponse stable à un ensemble de problèmes récurrents et complexes rencontrés par l'organisme. Cette réponse fait intervenir des processus perceptifs, des processus d'encodage, des processus de récupération et des processus inférentiels difficiles d'accès et dédiés à cette solution. (Hirschfeld et Gelman, 1994, p. 21.)

Un domaine apparaît donc tour à tour comme une connaissance, une capacité, une compétence ou un mécanisme. Hacking (2001) propose la classification suivante de ces différents sens :

- Domaine-0
  Un domaine est une sphère de pensée ou d'opération, la classe de situations où une sorte particulière de connaissance ou de compétence est applicable. Par exemple, la capacité à penser à, à calculer, ou à utiliser des objets, le langage…
- Domaine-1
  Un domaine est un ensemble de connaissances à propos d'un Domaine-0.
- Domaine-2
  Un domaine est un ensemble de compétences spécialisées.
- Domaine-3
  Un domaine est un mécanisme qui permet à des compétences de s'exercer (en prenant le terme mécanisme en un sens fonctionnel).
- Domaine-4
  Un domaine est un modules neurologique délimité par un Domaine-3 (en prenant le terme mécanisme en un sens littéral).

À partir de cette classification, Hacking met en évidence le caractère circulaire de la notion de domaine : les différentes définitions reposent les unes sur les autres. La délimitation d'un domaine, qui tente d'articuler des niveaux d'explication dont les relations sont inconnues, court toujours le risque d'être circulaire.

Comment dès lors ne pas faire de pétition de principe ? Définir le domaine du langage en termes de propriétés spécifiques (c'est-à-dire propres au langage) reste une tautologie. Ce risque de circularité se rencontre également dans le raisonnement de l'ingénierie inversée utilisé par les psychologues évolutionnistes pour identifier les modules mentaux[42]. Ce raisonnement, rappelons-le, procède comme suit : si les humains ont été confrontés à certains problèmes adaptatifs dans l'environnement ancestral, alors notre espèce a dû développer certains mécanismes de contrôle du comportement pour résoudre ces problèmes. Il nécessite donc de définir les problèmes adaptatifs auxquels ont dû faire face nos ancêtres, pour pouvoir considérer que la sélection naturelle a recruté des facultés dédiées à chacun de ces problèmes. Mais comment être sûr qu'il s'agit d'un problème unique qu'un module spécifique devrait résoudre[43] ? Par exemple, nous pouvons être sûrs que nos ancêtres avaient besoin de séduire leur partenaire sexuel. Mais quelle forme spécifique prenait précisément ce problème adaptatif ?

De façon générale, le principal problème que pose l'identification d'un domaine est que l'inférence qui va de la constatation de l'existence d'une compétence spécifique à la spécificité du mécanisme ou de la capacité qui les sous-tendent n'est pas valide[44]. Les domaines ne peuvent être caractérisés indépendamment des modules qui les traitent ou des facultés qui leur sont dédiées. Le risque est donc de se contenter de projeter les capacités exhibées par l'individu sur l'architecture fonctionnelle de l'esprit. Conclure la spécificité de la faculté innée à partir de la spécificité d'une compétence observée revient à faire une « instanciation directe » de la faculté mentale innée, comparable à la méthode que Gall pratiquait[45]. Or, ce n'est pas parce que l'individu maîtrise une tâche particulière ou manifeste un comportement spécifique qu'il possède une faculté autonome spécialisée dans la résolution de cette tâche ou l'accomplissement d'un tel comportement. Rien ne permet de penser que la structure de

---

42 Pinker, 1997 ; Buller, 2005 ; Gallistel *et al.*, 1991.

43 Machery et Barrett, 2006.

44 Fodor, 1983.

45 Bechtel, 2003 ; Bechtel, 2009 ; Forest, 2008.

l'esprit est nécessairement décomposable d'une manière telle que des phénomènes distincts soient imputables à des facultés distinctes. Des mécanismes ou facultés communs peuvent présider à la réalisation de tâches dont on avait assigné la réalisation à des mécanismes ou facultés différents, dans la décomposition initiale. Par conséquent, il n'est pas certain qu'il faille attribuer un mécanisme spécifique à la reconnaissance des visages ou à la connaissance grammaticale, seulement parce que ces capacités sont exhibées par le sujet. Un recensement des capacités observables n'est pas une énumération des facultés innées de l'esprit.

Le cognitif et le perceptif

Si la différence entre innéisme et empirisme concerne la spécificité cognitive des facultés innées de l'esprit, il apparaît également nécessaire de définir ce qui distingue la spécificité cognitive de la spécificité sensorielle. Mais cette distinction n'est pas non plus aisée à faire. Où doit-on placer la frontière entre les deux ? À quel moment ou à quel niveau, la spécificité sensorielle ou perceptive devient-elle une spécificité cognitive ? Personne ne nie que presque tous les animaux et les humains possèdent des structures spécifiques et des processus conçus pour traiter un type spécifique d'information. L'œil est ainsi spécialisé pour traiter l'information dans le domaine de la lumière. Aussi pourrait-on définir la spécificité sensorielle innée comme ce qui relève exclusivement des organes sensoriels. C'est ce que commence par proposer le psychologue américain Frank Keil (2000) :

> La spécificité semble donc distinguer l'innéisme de l'empirisme seulement quand le type de choses qui sont spécifiques ne sont pas de simples capteurs sensoriels.

Pourtant, à strictement parler, l'empirisme ne limite pas toujours les spécialisations innées aux capteurs sensoriels. Il admet facilement que les circuits complexes de la rétine, par exemple, sont eux-mêmes innés. Il considère même la perception catégorielle de la couleur par les nouveau-nés comme une preuve de la spécificité des structures et des processus dédiés au domaine de la couleur. Or, force est de constater que plus on s'élève à un niveau abstrait, plus la différence entre empirisme et innéisme a tendance à s'atténuer : si l'on considère qu'il existe des circuits innés spécialisés dans la délimitation des objets physiques, ce niveau de spécialisation relève-t-il de la perception ou de la cognition ?

Selon Keil, un critère plus pertinent de distinction entre le perceptif et le cognitif pourrait être proposé. Il s'agit de la complexité psychologique : le domaine cognitif commencerait à partir d'un certain niveau de complexité psychologique. Mais, là encore, comment définir la complexité psychologique ? Est-elle fonction des étapes de traitement ou du niveau d'abstraction des représentations manipulées ? Le passage au niveau proprement cognitif semble obscurci par l'existence d'un continuum du traitement de l'information entre les circuits de la rétine dédiés au traitement de l'information relative lumière et les circuits du cortex préfrontal dédiés au traitement de l'information relative aux objets ou aux êtres animés. Les neurosciences montrent même que le traitement de l'information de haut niveau exerce en retour une influence importante jusqu'aux niveaux les plus bas. Pour illustrer l'indétermination de la frontière, Keil prend l'exemple du débat actuel sur l'autisme. Certains innéistes pensent que ce handicap est dû à une défaillance innée de la « théorie de l'esprit », et donc à la déficience d'une faculté spécialisée dans le traitement de l'esprit des autres. Les empiristes réfutent cette hypothèse en réservant la spécificité innée aux simples mécanismes perceptifs : les enfants autistes recueillent des informations sur l'esprit des autres à l'aide d'un seul système d'apprentissage général, dont la déficience suffirait à expliquer leur manque de sociabilité. Comprendre véritablement la pertinence des deux positions exigerait d'être capable de distinguer rigoureusement ce qui relève exclusivement des mécanismes perceptifs simples et ce qui appartient déjà à un mécanisme cognitif. Tant que l'on ne saura pas établir une distinction nette entre le niveau cognitif et le niveau perceptif, on restera incapable de dresser une frontière nette entre empirisme et innéisme.

CONCLUSION

Au terme de cette étude, il apparaît que les idées innées, modernes et contemporaines, entretiennent un air de famille. Ces idées, quelles que soient leurs formes, sont posées par l'innéisme, que l'on peut définir par la thèse selon laquelle l'esprit est doté de dispositions spécifiques innées. L'innéisme considère l'architecture naturelle de l'esprit comme riche et diversifiée. Il propose une vision de l'esprit qui découle d'un raisonnement déductif à partir de l'analyse du contenu mental que nous possédons.

Il convient donc, pour comprendre l'héritage classique de l'innéisme contemporain, de distinguer deux plans : le plan du contenu – où est en jeu l'interprétation historique ou doctrinale qui laisse place à une grande divergence de vues – et le plan du problème – qui révèle un type commun de raisonnement. Sur le plan du contenu, il y a bien plusieurs manières d'être innéistes, plusieurs versions de la théorie des idées innées : deux théories innéistes n'assignent pas le même contenu aux idées innées. Sur le plan du problème en revanche, il y a bien un seul innéisme : les idées innées fournissent le contenu qui manque à la stimulation environnementale pour permettre l'acquisition de la connaissance. Dès l'âge classique se met ainsi en place une alternative entre deux visions de la structure de l'esprit – innéisme et empirisme – qui perdure dans le débat contemporain : les partisans des dispositions spécifiques innées s'opposent aux défenseurs d'un esprit constitué seulement de capacités générales d'apprentissage.

La réflexion menée ici a permis de tirer un autre constat : la notion d'« idée innée » reste ambiguë et oscille entre « idée préformée » et « idée spécifique acquise ». Cette ambiguïté – due à la difficulté de définir l'innéité et de concevoir une ontologie de la virtualité – traverse les siècles malgré les progrès accomplis en biologie et en sciences cognitives. L'interprétation raisonnable de l'innéisme, qui le distingue d'un préformationnisme intenable, défend un innéisme dispositionnel qui se révèle alors difficile à distinguer de l'empirisme. Tant que la notion de « disposition cognitive propre à un domaine spécifique » n'est pas clarifiée plus avant, la frontière entre innéisme et empirisme reste perméable.

C'est sans doute une des raisons pour lesquelles a proliféré dans la littérature contemporaine un grand nombre de critiques dénonçant la dichotomie jugée stérile entre innéisme et empirisme. S'inspirant des travaux du psychologue Jean Piaget, ces critiques cherchent une troisième voie. Piaget a lui-même suggéré une manière plus interactionniste de comprendre le développement cognitif. Selon lui, l'acquisition de la connaissance ne peut se décrire ni comme une maturation biologique ni comme un mécanisme d'apprentissage purement inductif ou associatif. La connaissance provient d'une structuration produite par l'activité du sujet qui interagit avec son environnement. C'est dans cette interaction dynamique entre l'organisme et l'environnement qu'apparaissent des structures cognitives de complexité croissante. L'expression des gènes et le développement cognitif deviennent alors des produits émergents du système s'auto-organisant en interaction avec l'environnement[1].

Aujourd'hui, plusieurs chercheurs contemporains adoptent l'approche interactionniste et constructiviste de Piaget en l'améliorant. S'ils abandonnent les idées piagetiennes de primauté du sujet et d'homogénéité du développement, ils reprennent la critique du psychologue en dénonçant « l'hypothèse de la continuité » à l'œuvre aussi bien dans l'innéisme que dans l'empirisme, trahissant le caractère statique de ces positions[2] : innéisme et empirisme conçoivent l'information acquise comme préexistante, soit dans l'esprit soit dans l'environnement. En postulant au contraire que les capacités représentationnelles du système cognitif changent avec le développement et qu'ainsi ce qui est appris n'est pas restreint à ce qui peut être exprimé dans les termes des représentations initiales, le point de vue constructiviste explore des hypothèses nouvelles et propose des modèles d'apprentissage qui prennent en compte le caractère épigénétique du développement. La psychologue et philosophe Susan Oyama (2000) défend ainsi un nouvel interactionnisme à l'origine de la théorie des systèmes développementaux[3]. Parallèlement et dans la

1 Piaget, 1975.

2 Tomasello, 2003 ; Karmiloff-Smith, 1992 ; Gopnik *et al.*, 1999.

3 Voir aussi Griffiths et Gray, 1994.

même veine, le néo-constructivisme en psychologie cognitive considère le développement cognitif comme un système complexe auto-organisé[4].

Ainsi, les hypothèses constructivistes proposent des modèles mixtes mêlant capacités perceptives et cognitives, dont il devient difficile de dire si elles sont spécifiques ou générales. Autrement dit, elles conçoivent des facultés transversales, ni générales au point de pouvoir s'appliquer indistinctement à tout type de données, ni spécifiques au point de ne s'appliquer qu'à un seul type de données. Le constructivisme abolit alors la frontière entre innéisme et empirisme.

Mais ceci ne signifie pas pour autant qu'il faille renoncer à la notion d'innéité comme certains chercheurs contemporains (et notamment les partisans de la théorie des systèmes développementaux) le revendiquent[5]. Il est important de distinguer l'innéisme – qui est une vision particulière de la structure de l'esprit et donc de ce qui doit être inné en l'esprit – du recours à l'innéité. Même les théories empiristes supposent l'existence de capacités innées. Il en est de même avec les théories constructivistes qui ont recours à des « biais innés[6] ». Ces biais permettent de penser un équipement inné, potentiellement doté d'un certain contenu qui ne renferme pas entièrement en lui-même le trait cognitif au développement duquel il participe. Ils permettent alors d'adopter une vision raisonnable de l'innéité, une vision non strictement déterministe, non inflexible, mais plastique et compatible avec l'émergence de nouvelles structures[7].

---

4 Karmiloff-Smith, 1992 ; Keil, 2000. L'approche émergentiste conçoit le langage comme une structure qui émerge à partir de contraintes en interaction comme la propriété de l'auto-organisation d'un système complexe (George Hollich *et al.*, « Breaking the Language Barrier : An Emergentist Coalition Model for the Origins of Word Learning », *Monographs of the Society for Research in Child Development*, 65, 3, 2000, p. 1-135.) La compétence langagière est alors conçue comme la conséquence développementale de l'interaction entre plusieurs sous-systèmes précoces et des processus centraux et affectifs, et non comme un sous-système cognitif distinct.

5 Griffiths, 2002 ; Griffiths, 2017 ; Mameli et Bateson, 2006 ; Oyama, 2000 ; voir aussi Lehrman, 1953 ; Elman *et al.*, 1996.

6 Mark Johnson, et John Morton, *Biology and Cognitive Development : The Case of Face Recognition*, Oxford, Blackwell, 1991 ; Karmiloff-Smith, 1992 ; Keil, 1994.

7 Reynaud, 2013 ; Reynaud, 2017 ; Meunier et Reynaud, 2017.

BIBLIOGRAPHIE

ALQUIÉ, Ferdinand, *La découverte métaphysique de l'homme chez Descartes*, Paris, PUF, 1946, p. 201.

ALQUIÉ, Ferdinand, *Descartes, l'homme et l'œuvre*, Hatier-Boivin, 1956.

ALQUIÉ, Ferdinand, *Le cartésianisme de Malebranche*. Paris, Vrin, 1974.

ARIEW, André, « Innateness and Canalisation », *Philosophy of Science*, 63, 1996, p. 19-27.

ARIEW, André, « Innateness », in *Handbook of the Philosophy of Science*, Matthen, M. et Stevens, C. (edit.), Cambridge MA, MIT Press, vol. 3, 2006, p. 1-18.

ATRAN, Scott, « The Case for Modularity : Sin or Salvation ? », *Evolution and Cognition*, 7 (1), 2001, p. 1-10.

ATRAN, Scott, et MEDIN, Douglas, *The Native Mind and the Cultural Construction of Nature*, Cambridge MA, MIT Press, 2008.

BAILLARGEON, Renée, « How Do Infants Learn about the Physical World ? », *Current Directions in Psychological Science*, 3, 1994, p. 133-140.

BARKOW Jerome, COSMIDES, Leda et TOOBY John (edit.), *The Adapted Mind : Evolutionary Psychology and The Generation of Culture*, New York, Oxford University Press, 1992.

BARSALOU, Lawrence, « Perceptual Symbol Systems », *Behavioral and Brain Sciences*, 22, 1999, p. 577-660.

BECHTEL, William, « Modules, Brain parts, and Evolutionary Psychology », in *Evolutionary Psychology : Alternative Approaches*, Scher, S. et Rauscher, F. (edit.), Dordrecht, Kluwe, 2003, p. 211-227.

BELAVAL, Yvon, *Leibniz : critique de Descartes*, Paris, Gallimard, 1960.

BENNETT, Jonathan, *Leibniz's New Essays*, *Philosophic Exchange*, vol. 13, 1, 1982.

BENNETT, Jonathan, *Learning from Six Philosophers* : Descartes, Spinoza, Leibniz, Locke, Berkeley, Hume. 2 vol., Oxford, Oxford University Press, 2001.

BERKELEY, George, *Principes de la connaissance humaine*. Paris, GF-Flammarion, 1991.

BEYSSADE, Jean-Marie, « The Idea of God and the Proofs of His Existence », in *Cambridge Companion to Descartes*, Cottingham J. (edit.), Cambridge MA, Cambridge University Press, 1992.

BLITMAN, Delphine, *Le langage est-il inné ? Une approche philosophique de la théorie de Chomsky sur le langage*, Presses universitaires de Franche-Comté, 2015.

BLOCK, Ned (edit.), *Readings in Philosophy of Psychology*, Cambridge MA, Harvard University Press, vol. 2, 1981.

BOULAD-AYOUB, Josiane, « Les récurrences du platonisme chez Descartes », *Philosophiques*, 23, 2, 1996, p. 405-415.

BOUVERESSE, Jacques (edit.), *Essais V. Descartes, Leibniz, Kant*, Agone, 2006.

BOYLE, Deborah, *Descartes on Innate Ideas*, London, Continuum Studies in Philosophy, 2009.

BRICKMAN, Geneviève, *Locke : idées, langage et connaissance*, Ellipses, 2001.

BROAD, Charlie, *Leibniz : An introduction*, Cambridge, England, Cambridge University Press, 1975.

BULLER, David, *Adapting Minds*. Cambridge MA, MIT Press, 2005.

CAREY, Susan, et SPELKE, Elizabeth, (edit.), *Mapping the Mind : Domain Specifcity in Cognition and Culture*, 1994.

CAREY, Susan, et GELMAN, Rochel (edit.), *The Epigenesis of Mind. Essays on Biology and Cognition*, New York and London, Psychology Press, 1991.

CARRUTHERS, Peter, *Human Knowledge and Human Nature : A New Introduction to an Ancient Debate*, Oxford, Oxford University Press, 1992.

CARRUTHERS, Peter, LAURENCE, Stephen, et STICH, Stephen, *The Innate Mind*, Oxford, Oxford University Press, 3 vol., 2005, 2006, 2007.

CHARRAK, André, *Empirisme et théorie de la connaissance : réflexion et fondement des sciences au XVIIIe siècle*, Paris, Vrin, 2009.

CHOMSKY, Noam, « A Review of Skinner's Verbal Behavior », *Language*, 35, 1, 1959, p. 26-58.

CHOMSKY, Noam, *La linguistique cartésienne, suivi de La nature formelle du langage*, Paris, Éditions du Seuil, 1969.

CHOMSKY, Noam, « Recent Contributions to the Theory of Innate Ideas : Summary of Oral Presentation ». *Synthese*, 17, 1, 1967, p. 2-11.

CHOMSKY, Noam, *Aspects de la théorie syntaxique*, Paris, Éditions du Seuil, 1971.

CHOMSKY, Noam, *Réflexions sur le langage*, Paris, Champs Flammarion, 1981.

CHOMSKY, Noam, *Règles et représentations*, Paris, Flammarion, 1985.

CHOMSKY, Noam, *Knowledge of Language : Its Nature, Origin, and Use*, New York, Praeger Publishers, 1986.

CHOMSKY, Noam, *Language and Problems of Knowledge : the Managua Lectures*, Cambridge MA, MIT Press, 1988.

CHOMSKY, Noam, *Le Langage et la Pensée*, Payot, Rivages, 2001.

CHOMSKY, Noam, « Replies », in *Chomsky and his Critics*, Antony, L. et Horstein, N., (edit.), Blackwell, 2003, p. 255-328.

CHOMSKY, Noam, *Nouveaux horizons dans l'étude du langage et de l'esprit*. Paris, Stock, 2005.

CHOMSKY, Noam, « Trois facteurs dans l'architecture du langage », *Nouveaux cahiers de linguistique française*, 27, 2006, p. 1-32.

CHOMSKY, Noam, et KATZ, Jerry, « On Innateness : A Reply to Cooper », *The Philosophical Review*, 84, 1, 1975, p. 70-87.

CHRISTOPHE, Anne, « L'apprentissage du langage : une capacité innée ? », *Intellectica*, 34, 2002, p. 189-210.

CLARKE, Desmond, *Descartes's Theory of Mind*, Oxford, Oxford University Press, 2003.

COOPER, David, « Innateness : Old and New », *The Philosophical Review*, 81, 4, 1972, p. 465-483.

COSMIDES, Leda, et TOOBY, John, « Evolutionary Psychology : a Primer », http://www.psych.ucsb.edu/research/cep/primer.html, 1997.

COTTINGHAM, John, *The Rationalists*, Oxford, Oxford University Press, 1988.

COWIE, Fiona, *What's Within ? Nativism Reconsidered*, Oxford, Oxford University Press, 1999.

COWIE, Fiona, « Innateness and language », *Stanford Encyclopedia of Philosophy*, 2008.

DE ROSA, Raffaella, *Descartes and the Puzzle of Sensory Representation*, Oxford, Oxford University Press, 2010.

DEHAENE-LAMBERTZ, Ghislaine, DEHAENE, Stanislas, et HERTZ-PANNIER, Lucie, « Functional Neuroimaging of Speech Perception in Infants », *Science*, 298, 5600, 2002, p. 2013-2015.

DESCARTES, René, *Œuvres*, Charles Adam et Paul Tannery (édit.), Léopold Cerf, 1897-1913.

DESCARTES, René, *Œuvres philosophiques*, textes établis, présentés et annotés par Ferdinand Alquié, Éditions classiques Garnier, 2010.

DEVITT, Mathiew et STERELNY, Kim, *Language and Reality*, Cambridge MA, MIT Press, 1987.

DUPOUX Emmannuel (edit.), *Language, Brain and Cognitive Development*, Cambridge MA, MIT Press, 2001.

ELMAN, Jeffrey, BATES, Elizabeth, JOHNSON, Mark, KARMILOFF-SMITH, Annette, PARISI, Domenico, et PLUNKETT, Kim, *Rethinking Innateness. A Connectionist Perspective on Development*, Cambridge MA, The MIT Press, 1996.

ENGEL, Pascal, *Philosophie et psychologie*, Éditions Gallimard, 1996.

FITCH, Tecumseh, HAUSER, Mark, et CHOMSKY, Noam, « The Evolution of the Language Faculty: Clarifications and Implications », *Cognition*, 97, 2005, p. 179-210.

FODOR, Jerry, *The Language of Thought*, Sussex, Harvester Press, 1975.

FODOR, Jerry, *Representations*, Sussex, Harvester Press, 1981.

FODOR, Jerry, *The Modularity of Mind*, Cambridge MA, The MIT Press, 1983.

FODOR, Jerry, *Concepts ; Where Cognitive Science Went Wrong*, Oxford, Oxford University Press, 1998a.

FODOR, Jerry, *In Critical Condition*, Cambridge MA, MIT Press, 1998b.

FODOR, Jerry, *L'esprit, ça ne marche pas comme ça*, Éditions Odile Jacob, 2000.

FODOR, Jerry, « Doing Without What's Within : Fiona Cowie's Critique of Nativism », *Mind*, 110, 437, 2001, p. 99-148.

FODOR, Jerry, « Against Darwinism », *Mind & Language*, 23, 1, 2008, p. 1-24.

FODOR, Jerry et PIATELLI-PALMARINI, Massimo, *What Darwin Got Wrong*, Profile books, 2011.

FOREST, Denis, *Histoire des aphasies*, Paris, PUF, 2005.

FOREST, Denis, « Être ou ne pas être nativiste », in *Fabriques de la langue*, Nassikas, K., Prak-Derrington, E. et Rossi, C. (édit.), Presses Universitaires de France, 2012, p. 137-159.

FOREST, Denis, *Neuroscepticisme*, Éditions d'Ithaque, 2014.

GAYON, Jean, « Évolution et philosophie », *Revue philosophique de la France et de l'étranger*, 129, 3, 2004, p. 291-298.

GNASSOUNOU, Bruno et KISTLER, Max, *Causes, pouvoirs, dispositions en philosophie : le retour des vertus dormitives*, Paris, Éditions Rue d'Ulm, 2005.

GOPNIK, Allison, « Genetic Basis of Grammar Defect », *Nature*, 347, 26, 1990.

GOPNIK, Allison, et MELTZOFF, Andrew, *Words, Thoughts and Theories*, Cambridge MA, The MIT Press, 1997.

GOPNIK, Allison, MELTZOFF, Andrew, et KUHL, Patricia, *The Scientist in the Crib. Minds, Brains, and How Children Learn*, William Morrow, 1999.

GORHAM, Geoffrey, « Descartes on the Innateness of all Ideas », *Canadian Journal of Philosophy*, 32, 3, 2002, p. 355-388.

GOULD, Stephen J., et LEWONTIN, Richard, « The Spandrels of San Marco and the Panglossian Paradigm : A Critique of the Adaptationist Programme », *Proceedings of The Royal Society of London*, 205, 1161, 1979, p. 581-598.

GOULD, Stephen J., et VRBA, Elizabeth, « Exaptation : a Missing Term in the Science of Form », *Paleobiology*, 8, 1, 1982, p. 4-15.

GRIFFITHS, Paul, « What Is Innateness ? », *The Monist*, 85, 1, 2002, p. 70-85.

GRIFFITHS, Paul, « The Distinction Between Innate and Acquired Characteristics », *The Stanford Encyclopedia of Philosophy*, Edward N. Zalta (edit.), https://plato.stanford.edu/archives/spr2017/entries/innate-acquired/, 2017.

GRIFFITHS, Paul, et GRAY, Russell, « Developmental Systems and Evolutionary Explanation », *The Journal of Philosophy*, 91, 6, 1994, p. 277-304.

GUENANCIA, Pierre, *Lire Descartes*, Éditions Gallimard, 2000.

GUEROULT, Martial, *Descartes, selon l'ordre des raisons*, Aubier, 1953.

GUEROULT, Martial, *Étendue et psychologie chez Malebranche*, Paris, Vrin, 1987.

HACKING, Ian, « Aristotelian Categories and Cognitive Domains », *Synthese*, 126, 2001, p. 473-515.

HAMOU, Philippe, « Leibniz lecteur de Locke sur la matière pensante », in *Locke et Leibniz sur l'entendement humain : deux styles de rationalité*, Hamou, P. et de Gaudemar M. (édit.), 2011.

HARDCASTLE, Valery, (edit.), *Where Biology Meets Psychology*, Cambridge MA, Cambridge University Press, 1999.

HAUSER, Marc, CHOMSKY, Noam, et FITCH, T, « The Faculty of Language : What It Is, Who Has It and How Did It Evolve ? », *Science*, 298, 2002, p. 1569-1579.

HIRSCHFELD, Lawrence, et GELMAN, Susan (edit.), *Mapping the Mind. Domain Specifcity in Cognition and Culture*, Cambridge MA, Cambridge University Press, 1994.

JACKENDOFF, Ray, et PINKER, Steven, « The Nature of the Language Faculty and Its Implications for Evolution of Language (Reply to Fitch, Hauser, and Chomsky) », *Cognition*, 97, 2, 2005, p. 211-225.

JACOB, Pierre, « La controverse entre Quine et Chomsky », *Philosophie*, 22, 1989, p. 49-91.

JACOB, Pierre, « The Scope and Limits of Chomsky's Naturalism », *Chomsky's Notebook*, 2010, p. 211-234.

JOHNSON, Mark, et MORTON, John, *Biology and Cognitive Development : The Case of Face Recognition*, Oxford, Blackwell, 1991.

JOLLEY, Nicholas, « Leibniz : Truth, Knowledge and Metaphysics », in *Routledge History of Philosophy*, Parkinson G. (edit.), vol IV, 1993, p. 384-424.

JOLLEY, Nicholas, *The Light of the Soul Theories of Ideas in Leibniz, Malebranche, and Descartes*, Oxford, Clarendon Press, 1998.

KANT, Emmanuel, *Critique de la raison pure*, Paris, quadrige PUF, 1944.

KANT, Emmanuel, « Réponse à Eberhard », in *Œuvres philosophiques*, Paris, Gallimard, Bibliothèque de la Pléiade, vol. II, 1985, p. 1351-1353.

KARMILOFF-SMITH, Annette, *Beyond Modularity : A Developmental Perspective on Cognitive Science*, Cambridge MA, The MIT Press, 1992.

KARMILOFF-SMITH, Annette, « Development Itself Is the Key to Understanding Developmental Disorders », *Trends in Cognitive Science*, 2, 10, 1998.

KARMILOFF-SMITH, Annette, « Les relations entre génotype et phénotype : une approche cognitive développementale », *Enfance*, 1, 2003, p. 33-38.

KEIL, Franz, « Nurturing Nativism », in *Symposium on Fiona Cowie's' What's Within ? : Nativism Reconsidered*, Nani, M. et Maraffa, M. (edit.), 2000.

KITCHER, Philip, « The Nativist's Dilemma », *The Philosophical Quarterly*, 28, 110, 1978, p. 1-16.

KITCHER, Philip, « The Naturalists Return », *The Philosophical Review*, 101, 1, 1992, p. 53-114.

KUHL, Patricia, « A New View of Language Acquisition », *PNSA*, 97, 22, 2000, p. 11850-11857.

LEHRMAN, David, « A Critique of Konrad Lorenz's Theory of Instinctive Behavior », *The Quarterly Review of Biology*, Vol. 28, No. 4, 1953, p. 337-363.
LEIBNIZ, Gottfried W., *Die philosophischen Schriften*, Gerhardt, K, Weidmann, 1875-1890.
LEIBNIZ, Gottfried W., *Nouveaux essais sur l'entendement humain*, Paris, GF Flammarion, 1990.
LEIBNIZ, Gottfried W., *Monadologie*, Le livre de Poche, Classiques de la philosophie, 1991.
LOCKE, John, *Essai sur l'entendement humain*, Paris, Vrin, 2001.
LORENZ, Konrad, *Evolution and Modification of Behavior*, Chicago, University of Chicago Press, 1965.
MACHERY, Edouard et BARRETT, Clark, « Debunking Adapting Minds », *Philosophy of Science*, 72, 2006, p. 232-246.
MACKIE, John, *Problems from Locke*, Oxford, Oxford University Press, 1976.
MALABOU, Catherine, *Avant demain. Épigenèse et rationalité*, Paris, PUF, 2014.
MALEBRANCHE, Nicolas, *Entretiens sur la métaphysique*, Paris, Librairie Armand Colin, 2 vol, 1922.
MALEBRANCHE, Nicolas, *Œuvres complètes*, Éditions du CNRS, A. Robinet (édit.), 1958-1967.
MALEBRANCHE, Nicolas, *La recherche de la vérité*, Paris, Vrin, 1991.
MAMELI, Matteo, et BATESON, Patrick, « Innateness and the Sciences », *Biology and Philosophy*, 21, 2006, p. 155-188.
MARION, Jean-Luc, *Sur l'ontologie grise de Descartes*, Paris, Vrin, 1981.
MEUNIER, Robert, et REYNAUD, Valentine, « The Innate Plasticity of Bodies and Minds. Towards Integrating Models of Genetic Determination and Environmental Formation », in *(De)Constituting Wholes*, Holtzey, C. et Granolati, M. (edit.), Wien Berlin, Turia-Kant, 2017.
MORANGE, Michel, *La part des gènes*, Paris, Éditions Odile Jacob, 1998.
MORANGE, Michel, « Quelle place pour l'épigénétique ? », *Médecine/science*, 21, 2005, p. 367-369.
MOREL, Marie-Christine et BRUN, Bernard, *L'inné et l'acquis. Nouvelles approches épistémologiques*, Publications de l'université de Provence, 2005.
NICOLAS, Serge, *Les facultés de l'âme : une histoire des systèmes*, L'Harmattan, Encyclopédie Psychologique, 2005.
OYAMA, Susan, *The Ontogeny of Information*, Duke University Press, 2000.
OYAMA, Susan, GRIFFITH, Paul et GRAY, Russell (edit.), *Cycles of Contingency. Developmental Systems and Evolution*, Cambridge MA, The MIT Press, 2001.
PACHERIE, Elisabeth, « L'hypothèse de la structuration des connaissances par domaines et la question de l'architecture fonctionnelle de l'esprit », *Revue Internationale de Psychopathologie*, 9, 1993, p. 63-89.

PACHERIE, Elisabeth, « Du problème de Molyneux au problème de Bach-y-rita », in *Perception et Intermodalité, Approches actuelles du Problème de Molyneux*, Proust, J. (édit.), Paris, PUF, 1997, p. 255-293.

PIAGET, Jean, *L'équilibration des structures cognitives : problème central du développement*, Paris, PUF, 1975.

PIATTELLI-PALMARINI, Massimo (édit.), *Théories du langage. Théories de l'apprentissage. Le débat entre Jean Piaget et Noam Chomsky*, Paris, Éditions de Seuil, 1979.

PINKER, Steven, *The Language Instinct : How the Mind Creates Language*, New York, HarperCollins, 1994.

PINKER, Steven, *How the Mind Works*, New York, W. W. Norton et Company, 1997.

PINKER, Steven et JACKENDOFF, Ray, « The Faculty of Language : What's Special about It ? », *Cognition*, 95, 2005, p. 201-236.

POIRIER, Pierre, FAUCHER, Luc, et LACHAPELLE, Jean, « Un défi pour la psychologie évolutionniste », *Philosophia Scientiae*, 2, 2005, p. 177-190.

PRINZ, Jesse, *Furnishing the Mind : Concepts and Their Perceptual Basis*, Cambridge MA, MIT Press, 2002.

PRINZ, Jesse, « Is the Mind Really Modular ? », in *Contemporary Debates in Cognitive Science*, Stainton, R. (edit.), Blackwell, p. 22-36, 2006.

PROUST, Joëlle, « What Is a Mental Function ? », in *French studies in the philosophy of science. Contemporary research in France*, Brenner, A. et Gayon, J. (edit.), Springer, 2009 p. 227-254.

PULLUM, Geoffrey et SCHOLZ, Barbara, « Empirical Assessment of Stimulus Poverty Arguments », *The Linguistic Review*, 19, 2002, p. 9-50.

PUTNAM, Hilary, *Mind, Language and Reality, Philosophical Papers*, Vol. 2, Cambridge MA, Cambridge University Press, 1975.

QUINE, Willard, « Methodological Reflection on Current Linguistic Theory », *Synthese*, 21, 1970, p. 386-398.

QUINE, Willard, « Natural Kinds » in *Ontological Relativity and Other Essays*, Quine W. (edit.), New York and London, 1969, p. 114-138.

RAMUS, Franck, « Genes, Brain, and Cognition : A Roadmap for the Cognitive Scientist », *Cognition*, 101, 2006, p. 247-269.

REBOUL, Anne, « Linguistique et évolution », in *Darwin en tête !*, Van der Henst, J-B. et Mercier, H. (édit.), Grenoble, Presses Universitaires de Grenoble, 2009, p. 192-219.

RESCHER, Nicholas, « A New Look at the Problem of Innate Ideas », *The British Journal for the Philosophy of Science*, 17, 3, 1966, p. 205-218.

REYNAUD, Valentine, « L'innéité à l'épreuve de la complexité du développement », in *L'innéité aujourd'hui*, Forest, D. (édit.), Les Éditions Matériologiques, 2013, p. 79-99.

REYNAUD, Valentine, « Can Innateness Ascriptions Avoid Tautology ? », *Philosophia Scientiae*, 18, 3, 2014.

REYNAUD, Valentine, « L'usage chomskyen de Descartes », *Methodos*, 18, 2018.

ROCHAT, Philippe, *Le monde des bébés*, Paris, Odile Jacob, 2006.

RODIS-LEWIS, Geneviève, *Nicolas Malebranche*, Paris, PUF, 1963.

RODIS-LEWIS, Geneviève, *Idées et vérités éternelles chez Descartes et ses successeurs*, Paris, Vrin, 1985.

RUSSELL, Bertrand, *La philosophie de Leibniz, exposé critique*, Paris, F. Alcan, 1908.

SAMUELS, Richard, « Nativism in Cognitive Science », *Mind and Language*, 17, 3, 2002, p. 233-265.

SCHMALTZ, Tad, *Descartes on Causation*, Oxford, Oxford University Press, 2008.

SCHØSLER, Jørn, *John Locke et les philosophes français. La critique des idées innées en France au XVIIIe siècle*, Oxford, Voltaire Foundation, 1997.

SOBER, Eliott, *From a Biological Point of View*, Cambridge, Cambridge University Press, 1994.

SPELKE, Elisabeth, « Initial knowledge : six suggestions », Cognition, 50, 1994, p. 431-445.

SPELKE, Elisabeth, « Nativism, Empiricism, and the Origins of Knowledge », *Infant Behavior and Development*, 21, 2, 1998, p. 181-200.

SPERBER, Dan, *La Contagion des idées. Théorie naturaliste de la culture*, Paris, Éditions Odile Jacob, 1996.

STERELNY, Kim, « Fodor's Nativism », *Philosophical Studies*, 55, 2, 1989, p. 119-141.

STERELNY, Kim, *Thought in a Hostile World*, Blackwell Publishing, 2003.

STICH, Steven, (edit.) *Innate Ideas*, Berkeley, University of California Press, 1975.

TOMASELLO, Michel, *Constructing a Language. A Usage-based Theory of Language Acquisition*, Harvard University Press, 2003.

VIENNE, Jean-Michel, *Expérience et raison. Les fondements de la morale selon Locke*, Paris, Vrin, 1991.

VOSS, Josef, « Noam Chomsky et la linguistique cartésienne », *Revue philosophique de Louvain*, 71, 11, 1973, p. 512-538.

WINKLER, Kenneth, « Grades of Cartesian Innateness », *British journal of the History of Philosophy*, 1, 2, 1993, p. 23-44.

INDEX

TABLE DES MATIÈRES

DEUXIÈME PARTIE

LES IDÉES INNÉES AUJOURD'HUI

TROISIÈME PARTIE

LA THÉORIE DES IDÉES INNÉES

UNITÉ, DÉFINITION, ET PROBLÈMES

Achevé d'imprimer par Corlet Numéric,
Z.A. Charles Tellier, Condé-en-Normandie (Calvados), en novembre 2018
N° d'impression : 152916 – Dépôt légal : novembre 2018
Imprimé en France